Eduardo Alonso

Ana Frank
La memoria del Holocausto

Ilustraciones de Tha

Francisco Antón

Historia de un pueblo desdeñado y perseguido

Vicens Vives

Ana Frank

La memoria del Holocausto

Primera edición, 2018
Reimpresiones, 2018, 2019, 2021, 2021, 2023, 2024
Séptima reimpresión, 2025

DL B 11.256-2018
ISBN: 978-84-682-2214-1
Núm. de Orden V.V.: VJ43

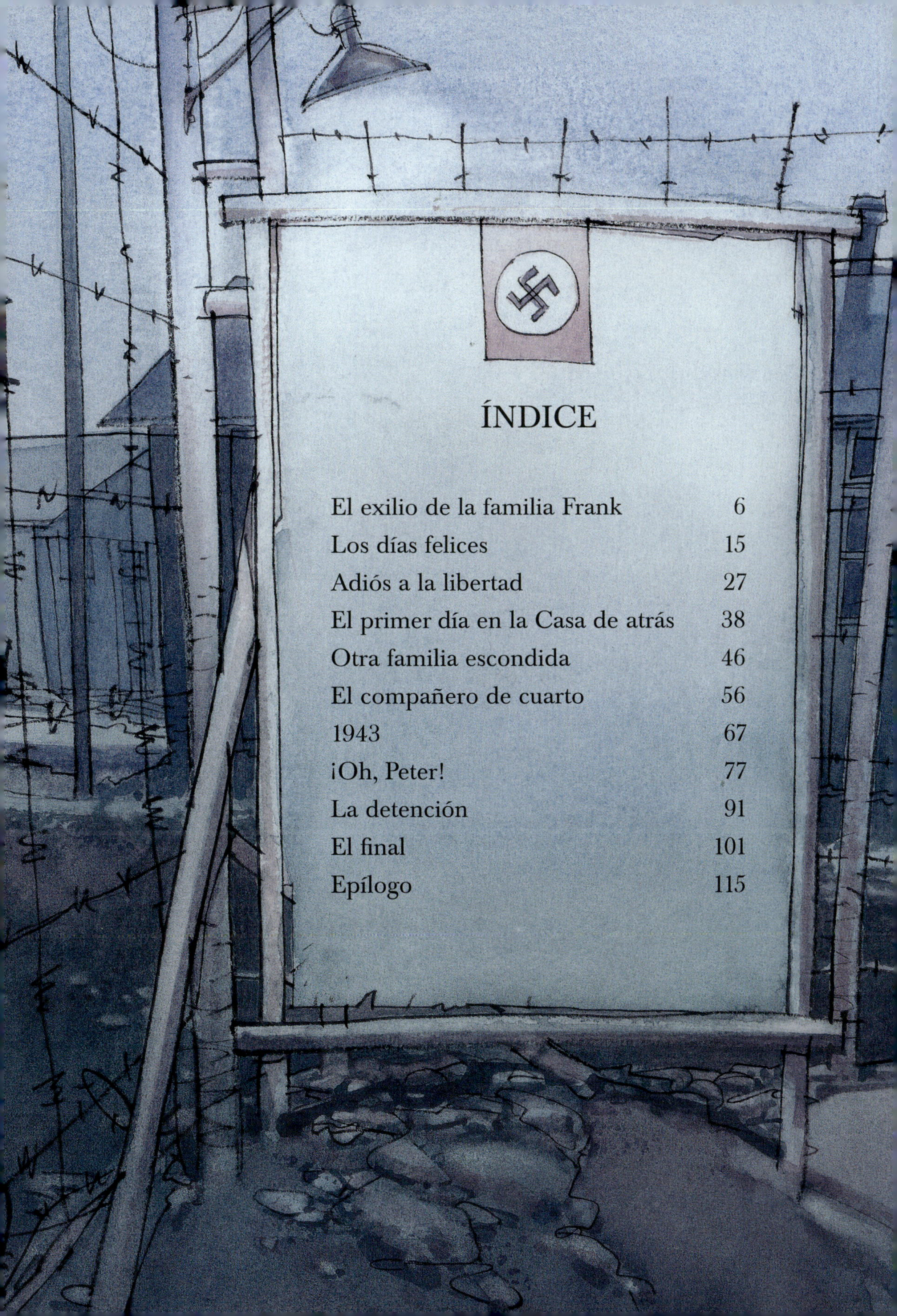

ÍNDICE

El exilio de la familia Frank

—¡Cada año la situación es más desesperada!… Miles de personas están en la ruina, crece el ejército de parados…, cinco millones, seis millones, siete millones… ¿Cuánto puede durar esto?

Otto Frank y Edith, su mujer, escuchaban con atención el primer discurso de Adolf Hitler como jefe de gobierno de Alemania. Estaban en casa de un matrimonio amigo, los cuatro sentados en torno a la mesa del comedor y con la vista fija en el aparato de radio. Era lunes, 30 de enero de 1933. Rugía el nuevo Canciller:

—¡Debemos actuar ahora, o será demasiado tarde!

Otto alzó los ojos y encontró la mirada de su amigo, tan preocupada como la suya. El violento discurso de Hitler fue breve y terminó con estas palabras amenazadoras:

—¡He decidido utilizar a mi partido para salvar a la patria! ¡Denme cuatro años!

El amigo de Otto Frank apagó la radio y los dos matrimonios quedaron en silencio.

—¡Vaya, Hitler se ha propuesto salvarnos! —comentó Otto, al fin, con amarga ironía.

—¿Qué va a ser de nosotros, los judíos? —se lamentó su amigo.

—¿No has leído *Mi lucha*?[1] —replicó Otto—. Según Hitler, los judíos tenemos la culpa de todos los males que padece Alemania. Y para poner remedio a los problemas del país, se propone exterminar la "plaga judía" a sangre y fuego.[2]

Poco después, Otto y Edith se despidieron de sus amigos y regresaron a casa. Vivían a las afueras de Fráncfort, en el tranquilo barrio de los Poetas, al norte de la ciudad. Evitaron pasar por el centro para no encontrarse con los partidarios de Hitler que a esas horas, como en otras ciudades de Alemania, celebraban la subida al poder de su *Führer*, su "caudillo". En Berlín, miles de personas se congregaban ante la Cancillería para aclamarlo. Cuando lo vieron asomarse al balcón del segundo piso, corearon enardecidas su nombre:

—¡Hitler! ¡Hitler! ¡Hitler!

En las calles inmediatas, miles de berlineses aclamaban con el brazo en alto a diecisiete mil "camisas pardas" que desfilaban portando antorchas y con gran estrépito de cantos y música marcial.* Para ellos era el día soñado de mostrar al Jefe supremo su lealtad sin reservas.

—¡Hitler! ¡Hitler! ¡Hitler!

Los camisas pardas eran milicianos con uniforme de color marrón. Formaban una agrupación del Partido Nazi,[3] la llamada SA, siglas de *Sturmabteilung* ('Sección de Asalto'). Se había creado en 1919 como un "servicio de orden" para los mítines del partido, pero ahora se había convertido en una organización paramilitar que contaba ya con dos millones de miembros; en realidad, se trataba de verdaderas bandas de matones que ejercían la violencia callejera, amenazaban a los comunistas y sindicalistas, acosaban a los judíos y desfilaban exhibiendo su poder con himnos y consignas. En las vitrinas y paredes de las tiendas de los judíos, los camisas pardas pintaban la estrella amarilla de David[4] y colocaban carteles que alertaban: "¡Alemanes, defendeos! ¡No compréis nada a los judíos!".

Otto Frank y Edith Holländer llegaron sin contratiempos a su casa. Hacía casi dos años que se habían mudado de un dúplex muy espacioso en la calle Marbachweg a la planta baja de un edificio de dos pisos en el número 24 de la calle Ganghofer. Con la mudan-

za, los Frank no solo ahorraban en alquiler, sino que se libraban del propietario de la vivienda anterior, que era nazi y no quería inquilinos judíos. Además, su nuevo hogar era luminoso, tenía jardín y estaba a dos pasos de la escuela ideal para sus hijas.

Hasta entonces los Frank habían vivido muy bien. No les faltaba de nada, tenían dos niñas encantadoras, disfrutaban de la compañía de buenos amigos, muchos domingos salían al campo de excursión y de vez en cuando iban a Aquisgrán a ver a la abuela Rosa, la madre de Edith. En esa histórica ciudad, cercana a la frontera holandesa, la familia Holländer poseía algunas empresas metalúrgicas. La familia Frank, por su parte, era la propietaria de un pequeño banco y de algunas empresas, pero todas iban de mal en peor. La crisis económica desatada en 1929 en Estados Unidos asolaba a todos los países europeos, y en especial a Alemania, que estaba pagando a los vencedores de la primera guerra mundial una inmensa fortuna en concepto de reparaciones de guerra. En aquellos años subieron los impuestos, se encarecieron los precios de los alimentos, se retrajo el consumo, se cerraron fábricas y empresas y millones de personas quedaron sin empleo. El pequeño banco familiar de los Frank quebró, se cerró su fábrica de pastillas para la garganta y otros negocios suyos estaban a punto de irse a pique.

Pero para Otto eso no era lo peor. Medio año antes el partido nazi había ganado las elecciones en Fráncfort, y ahora la subida de Hitler al poder amenazaba la democracia y abría un tiempo de inseguridad y de violencia. "Alemania ya no es un país seguro para los judíos", se dijo Otto. "Nuestras familias llevan cinco siglos viviendo aquí, pero ahora los nazis nos acorralan y persiguen. Algunos amigos de siempre nos rehúyen. Tenemos que irnos".

Al entrar a casa, Edith y Otto la encontraron caldeada y en silencio. En el salón todo guardaba un orden perfecto: las butacas, la mesa del comedor, los valiosos cuadros, el formidable aparador con la vajilla de lujo y el reloj antiguo que la familia Holländer había traído de Aquisgrán. Otto y Edith se quitaron los abrigos y se asomaron a la habitación de las niñas para comprobar que estaban dormidas. Luego Otto se encerró en su estudio, un cuarto lleno de libros, discos y álbumes de fotos. Allí leía, escuchaba música, contaba cuentos a sus hijas y a veces les ponía películas de Charlot.

La mayor, Margot, estaba a punto de cumplir siete años y era una niña juiciosa y dócil. Iba contenta a la escuela pública y dos días a la semana acudía con su madre a la sinagoga a rezar y a clases de religión.[5] Edith era creyente, respetaba las fiestas y cocinaba a menudo alimentos *kosher*, es decir, los permitidos por la ley judaica. Otto, en cambio, no era practicante ni se interesaba demasiado por la tradición judía.

La hija pequeña, Ana, tenía tres años y era inquieta como una lagartija. Había nacido en una clínica en la madrugada del 12 de junio de 1929. El parto no había sido fácil, porque la recién nacida medía cincuenta y tres centímetros y pesaba casi cuatro kilos. Fue registrada con el nombre de Annelies Marie. Los primeros regalos que recibió fueron unos pendientes y un collar de plata grabado con la fecha de nacimiento y esta inscripción: "Buena suerte". Ana fue un bebé sano, pero sufría a menudo cólicos y diarreas y lloraba sin cesar. Durante semanas su madre se pasó muchas noches con ella en brazos para calmarle el dolor.

Sentado en el despacho, Otto hojeó un álbum de fotos que se encontraba sobre la mesa. En una de ellas, Margot y Ana jugaban en el jardín con amigos de los chalés vecinos, unos católicos y otros protestantes. Las fotos más recientes eran de hacía un mes, por Navidades. En ellas, Margot y Ana se deslizaban en trineo y posaban con un muñeco de nieve al que habían colocado una bufanda y una nariz de zanahoria. Otto cerró el álbum. "Se nos acabó la vida despreocupada y feliz", se dijo.

Otto Frank tenía por entonces cuarenta y tres años. Era un hombre de modales refinados al que le apasionaban la literatura, el arte y la fotografía. Hablaba a la perfección inglés, francés e italiano. De chico había recibido una excelente educación. En el instituto Lessing de Fráncfort era el único alumno judío, congeniaba con sus compañeros y acabó el bachillerato con notas altas. Tenía tiempo para montar a caballo, recibir clases particulares de música, ir a fiestas y bailes con chicas y acompañar a sus padres a la ópera.

A los dieciocho años pasó las vacaciones de Pascua en España, y luego estudió arte durante un semestre en la universidad de Heidelberg. Allí entabló amistad con Nathan Straus, cuyo padre era propietario de unos grandes almacenes en Nueva York. Nathan le ofreció un trabajo en el negocio de su padre, y Otto no dudó un instante en aceptarlo.

A primeros de 1909 viajó a la gran metrópolis norteamericana y se enamoró de aquella bulliciosa ciudad, que le pareció el emblema de una nueva era. Sin embargo, al cabo de unos meses falleció su padre y Otto hubo de regresar a Fráncfort para ocuparse de los negocios de la familia.

Tras estallar la primera guerra mundial, fue reclutado por el ejército para luchar en el frente. Otto fue uno de los cien mil judíos alemanes que combatieron en las trincheras. Alcanzó el grado de teniente y fue condecorado con la Cruz de Hierro[6] por el valor demostrado en el mando de las tropas. Estaba orgulloso de ser alemán, pero los tiempos habían cambiado. "¿Cómo se entiende que antes me consideraran un patriota y un soldado ejemplar, y que ahora me califiquen de enemigo de Alemania?", se preguntaba. Supuso que con los nazis en el poder volverían las prohibiciones y la persecución de los judíos, como en la Edad Media. Y es que, desde el siglo XII, la comunidad judía de Fráncfort había vivido largas épocas de prosperidad y de convivencia pacífica con el resto de alemanes, pero, al igual que en otras ciudades de Europa, también había sido discriminada, encerrada en un gueto,[7] acosada por motivos religiosos e incluso había padecido varios pogromos,[8] hasta que en 1806 el Gran Duque de Fráncfort decretó los mismos derechos para todos los habitantes de la ciudad, sin distinción de "raza" o religión.

Fue aquella noche del 30 de enero de 1933 cuando Otto Frank tomó la decisión irrevocable de abandonar Alemania para siempre. En medio de sus reflexiones, se abrió la puerta del despacho y entró Edith en bata.

—¿No te acuestas, Otto? Es tarde.

—Pasa. Tenemos que hablar.

Durante un buen rato repasaron la situación familiar y la que se vivía en Alemania.

—No hay más remedio que marcharse, Edith —concluyó Otto.

—¿Adónde? Somos alemanes.

—De pura cepa, pero también somos judíos. No pertenecemos a esa supuesta "raza aria".

La determinación de Otto Frank de exiliarse con su familia se hizo inaplazable en los meses siguientes. Los nazis destruían locales del partido comunista, redoblaban la propaganda antisemita* y boicoteaban los negocios de los judíos hasta arruinar a muchos tenderos y comerciantes. Hitler restringió los derechos civiles, como la libertad de prensa y de reunión. En abril de 1933 una nueva ley impuso la "limpieza" de enemigos del Reich,[9] y en consecuencia los profesores y funcionarios judíos fue-

ron expulsados de sus puestos de trabajo. Otra ley prohibió los matrimonios mixtos, de modo que un judío —hombre o mujer— no podía casarse con una persona que no fuera de su "raza". En las escuelas, los niños judíos eran insultados y despreciados, y se los arrinconó al final del aula. El 10 de mayo cientos de estudiantes y profesores fanáticos quemaron en el patio de las universidades los libros escritos por judíos. "El judío solo piensa en judío. Si habla alemán, miente", decían. La persecución llegó a tal extremo que una famosa canción del poeta romántico Heinrich Heine,[10] que era de origen judío, se atribuyó a un "autor desconocido". Las agresiones, los robos y los asaltos a las propiedades de los judíos quedaban impunes,* porque la policía nunca intervenía. Pandillas de matones nazis sembraban el terror cantando: "Cuando los cuchillos gotean sangre judía…"

En casa de los abuelos de Otto, adonde la familia Frank se había mudado, la vida continuaba sin demasiados sobresaltos para Margot y Ana. Las dos niñas echaban de menos a su padre, que últimamente viajaba mucho.

—¿Cuándo viene papá? —preguntaba Ana.

—Pronto —contestaba su madre.

—¿Y cuándo es pronto?

—Pronto es pronto.

—Yo quiero que venga para que me lea cuentos.

Otto Frank había ido a Ámsterdam para establecer una sucursal de Opekta, una empresa de la que era copropietario su cuñado Erich Elias y que se dedicaba a la distribución y venta de un ingrediente básico para la fabricación de mermeladas: la pectina. Otto estaba preparando la huida de su familia a Holanda.

Los días felices

¡Adiós a la casa de Fráncfort! ¡Adiós a los amigos, al primo Buddy, a Gertrud Neumann, que era tan guapa y jugaba mucho con Ana, adiós a la casa y al jardín!...

—Papá, ¿por qué tenemos que irnos? —le preguntó Ana.

—Por qué, por qué... Papá tiene un nuevo trabajo en otra ciudad.

—Yo no quiero ir, Pim —pues así era como las niñas llamaban al padre.

—Nos llevaremos tus muñecas y las películas de Charlot.

Otto tenía el pasaporte en regla, y Edith y sus hijas lo obtuvieron sin dificultad, porque aquel año de 1933 aún se permitía a los judíos salir del país. En verano, la familia Frank abandonó Fráncfort para siempre. El padre regresó a Ámsterdam para acabar de establecer su negocio, y Edith y las niñas se quedaron en Aquisgrán con la madre de Edith, Rosa Holländer, y los dos tíos solteros.

La casa de los Holländer estaba en el número 1 de la plaza Pastor, cerca de un parque, a cinco minutos de la sinagoga. La abuela Rosa, viuda desde hacía cinco años, vestía faldas largas, llevaba gafas pasadas de moda, era devota y muy cariñosa. Se desvivía por sus nietas y tenía mucha paciencia con ellas.

—No, no, Ana, así no. Para un poco, lagartija. Y dame un beso.

Pero también decía que la educación de los niños era cosa de los padres, no de los abuelos. Así que consentía muchos caprichos a sus nietas y se dejaba engatusar por Ana.

—Oma —como la llamaban en familia—, eres la mejor abuela del mundo.

—Y tú muy zalamera,* Ana. Y muy charlatana.

También los tíos solterones Julius y Walter querían mucho a sus sobrinas. Jugaban con Ana, le gastaban bromas y se divertían con sus ocurrencias. Ana había cumplido cuatro años, pero era ya una niña muy desenvuelta. Un día subió al tranvía con su abuela y, al observar que todos los asientos estaban ocupados, se dirigió a los pasajeros en voz alta:

—¿No hay nadie que ceda su asiento a esta señora anciana?

—Ana, no seas descarada —le recriminó la abuela, algo azorada.

En septiembre Edith dejó a las niñas con la abuela y se trasladó a Ámsterdam para poner a punto la nueva casa. Otto había alquilado un espacioso piso en la plaza Merwede, en una zona nueva situada junto a uno de los muchos canales que se ramifican por la ciudad. En Holanda vivían 157 000 judíos integrados en la sociedad con todos los derechos desde 1796, y la mayoría conservaba sus creencias religiosas y tradiciones seculares.*

Edith estuvo muy ocupada en su nuevo hogar hasta que lo dejó en orden y confortable. Disponía de tres dormitorios, era cálido y luminoso, y en él instalaron el escritorio, el reloj de pared, la lámpara y otros muebles traídos de Fráncfort para que el desarraigo no fuera tan evidente. Sin embargo, Edith se sentía desplazada y a disgusto en un país extranjero. No tenía criada, no hablaba holandés y se pasaba el día sola porque Otto llegaba tarde del trabajo. Viajaba a menudo a Aquisgrán en tren para ver a su madre y a sus hijas. El 5 de diciembre los Frank se registraron en el ayuntamiento de Ámsterdam como nuevos residentes. Días antes de las navidades los tíos trajeron a Margot, que ya tenía plaza en la escuela. Ana, en cambio, se quedó con la abuela hasta febrero de 1934.

—Abuela, ¿por qué no te vienes a vivir con nosotras?

—Esta es mi casa de siempre. Pero iré a veros con frecuencia.

Ana se adaptó sin problemas a la nueva casa de Ámsterdam. Al entrar en su dormitorio encontró las muñecas y los juguetes que había tenido en Fráncfort. En seguida se hizo amiga de Hanneli Goslar, que vivía en la misma plaza y era de su edad. La conoció en la tienda, cuando sus madres, Edith y Ruth, hacían la compra, contentas de conocerse y de hablar en alemán, porque ninguna sabía holandés. Los Goslar eran judíos berlineses. En el barrio se estaban instalando muchas familias judías que huían del terror nazi.

—Mamá, ¿cuándo voy al colegio? —le preguntó Ana un día.

—Cuando quede una plaza libre.

Pasaron dos meses hasta que un día de mayo, por fin, Ana recibió la noticia que tanto esperaba.

—Ana, prepara la mochila —le dijo su padre—. El lunes vas al colegio. A ver cómo te portas.

Para Otto Frank la escuela Montessori[11] era la mejor. Estaba a cuatro pasos de casa y su método de enseñanza no tenía nada que ver con el tradicional. Los profesores eran contrarios a los castigos, promovían la participación, estimulaban la creatividad, no separaban a niños y niñas en las aulas y prestaban atención individualizada a sus alumnos. Hasta el ambiente en la clase era poco común: había plantas, los niños a veces se sentaban en el suelo o en círculo y participaban en muchas actividades. "Es justo lo que Ana necesita, porque es muy inquieta y habladora", pensaba su padre.

También Hanneli Goslar fue al colegio Montessori poco después. Cuando entró en el aula y Ana la vio, las dos corrieron a

abrazarse. Ya serían amigas para siempre, y con otra compañera llamada Sanne Ledermann formarían el equipo "Ana, Hannah
y Sanna". Pasaban mucho tiempo juntas, jugaban al monopoly, se
contaban secretos, coleccionaban postales de la familia real inglesa
y contraían las mismas enfermedades infantiles.

Como Ana y Hanneli, sus padres entablaron una estrecha amistad. Los Frank solían visitar a la familia Goslar los viernes, víspera
del *sabbat*.[12] Algunas veces se quedaban a cenar. En este caso se se-

guía el ritual religioso. Sentados todos a la mesa, el padre de Hanneli recitaba sobre una copa de vino el *kidush*, la oración que recordaba el descanso del Creador el séptimo día; luego distribuía el vino entre los comensales y por último retiraba el paño que ocultaba una hogaza y repartía una rebanada de pan a cada uno. La velada podía prolongarse hasta tarde. Los sábados por la mañana Hanneli y Margot iban con sus madres a la sinagoga y a clases de hebreo. Ana, en cambio, prefería ir a la oficina con su padre.

Margot y Ana se integraron con facilidad en la escuela Montessori y en la vida holandesa. El 12 de junio de 1935 Ana celebró su cumpleaños con las nuevas amigas, apagó las seis velas entre aplausos y recibió muchos regalos. Pasaba sus últimos días en la guardería, porque después del verano empezó el primer curso de primaria. Aprendió en seguida holandés y a leer de corrido, pero faltaba bastante a clase porque padecía fiebres reumáticas. Esos días se entretenía en casa dibujando y escribiendo cuentos.

—¿Sabes qué, Pim? De mayor quiero ser escritora.

—Muy bien. Pero ¿y qué me dices de las matemáticas?

—¡Papá, odio las mates!

Su padre no daba demasiada importancia a las notas. Para Otto lo esencial era que sus hijas estuvieran sanas y fueran felices. Pero Ana no se privó de ninguna enfermedad infantil, la tos ferina, el sarampión y la varicela, y en segundo curso la gripe la retuvo en cama varias semanas. Y en cuarto, igual. En casa y en el colegio la llamaban "la enclenque", aunque su carácter no era nada débil, sino fuerte y peleón. Le gustaba ser la protagonista, hacer el payaso y sorprender a sus compañeras.

—¡Ay, ay, ay!

—¿Qué te ha pasado, Ana?

—¡Aaay…!

Ponía cara de dolor, alzaba el brazo estirado, lo movía y se oía cloc, cloc, porque a Ana se le dislocaba el hombro con facilidad. Era una de sus gracias. Y también tenía un punto de traviesa. De vez en cuando, ella y Hanneli se divertían echando agua sobre los transeúntes desde el tercer piso en que estaba su apartamento.

Cuando estaba enferma, Ana hacía los deberes en casa y a veces recibía la visita de su profesor. En verano sus padres la llevaban a la playa a tomar el sol para que su salud mejorara al aire libre.

La vida de la familia Frank en Ámsterdam era tranquila. Muchos sábados Otto invitaba a sus empleados a cenar en casa. Miep, la secretaria, acudía con su novio Jan Gies, y el señor Kleiman, el contable, con su mujer. Johannes Kleiman era un holandés alto y delgado, de temperamento afable. Otto lo había conocido veinte años antes y ambos se profesaban una buena amistad. En estas cenas nunca faltaba la tarta de manzana y un buen café, pero los comensales prestaban más atención a la situación de los judíos en Alemania que a los guisos de Edith.

–¿Habéis visto el periódico de hoy? –dijo Otto mostrando un grueso titular–. Una ley despoja de sus propiedades a los judíos para subastarlas.

Entre 1933 y 1939 se aprobaron en Alemania más de 1400 leyes racistas. Los médicos judíos solo podían tratar a pacientes judíos. Otra ley obligaba a los que tenían un nombre "ario" o "cristiano", a añadirle un nombre hebreo: David, si era hombre, o Sara, si era mujer. La situación se hizo crítica cuando se prohibió a los judíos regentar negocios y tiendas. En marzo de 1938 el ejército alemán invadió Austria y la anexionó al "Tercer Reich". En Viena los nazis saquearon las tiendas y hogares de los judíos y encerraron a centenares en el campo de Mauthausen. En noviembre, un judío polaco asesinó a un diplomático nazi en la embajada alemana de París para protestar porque sus padres habían sido deportados a Polonia. Como represalia, los nazis organizaron un ataque brutal contra los judíos alemanes, y, en la noche del 9 al 10 de noviembre de 1938, en toda Alemania se vivió la *Kristallnacht*, "la Noche de los cristales rotos", porque las calles se llenaron de vidrios de ven-

tanas y de escaparates destrozados. Los nazis y sus colaboradores quemaron 1000 sinagogas, saquearon numerosos hogares y más de 7500 negocios judíos, profanaron cementerios y mataron a un centenar de judíos. La Gestapo,[13] apoyada por la policía local, arrestó a 30 000 judíos y los encerró en campos de concentración. Para los historiadores, aquella noche fue el comienzo del Holocausto,[14] es decir, el intento de exterminar a los nueve millones y medio de judíos que vivían en Europa.

En las cenas del sábado la conversación de los mayores volvía una y otra vez sobre la situación de los judíos en Alemania. El 30 de enero de 1939 Hitler acusó al judaísmo internacional de preparar una segunda guerra mundial y anunció el fin de la "raza" judía.

—Hitler no bromea —dijo Hermann van Pels, el nuevo socio de Otto—. Se ha propuesto exterminarnos.

Hermann van Pels tenía cuarenta y cuatro años, era alto, robusto, de trato agradable y fumaba mucho. Era otro exiliado alemán. En 1937 un fotógrafo que odiaba a los judíos cubrió el escaparate de la carnicería familiar con fotos de los clientes, y desde aquel día dejaron de entrar compradores en su establecimiento. De manera que cerró la tienda y emigró a Ámsterdam con su esposa Auguste y su hijo Peter, un chico espigado, tímido y poco hablador casi tres años mayor que Ana. Para compensar la estacionalidad de la venta de pectina, Otto Frank había fundado Pectacon, una empresa de especias que se usan en charcutería, y había situado al frente del nuevo negocio a Hermann.

El 12 de junio de 1939 Ana cumplió diez años y recibió muchos regalos de sus amigos y de los empleados de la empresa. Terminó el curso con buenas notas. Ese verano fue el último despreocupado y feliz para la familia Frank, porque el 1 de septiembre el ejército alemán invadió Polonia, donde vivían unos tres millones de judíos. Hitler quería conquistar Europa. La reacción inmediata del Reino Unido y de Francia supuso el comienzo de la guerra.

Tras un invierno sin gran actividad en el frente, en abril de 1940 las tropas alemanas invadieron Dinamarca y Noruega. Entonces Otto Frank no tuvo la menor duda: "No pararán ahí. Pronto invadirán los Países Bajos". La mayoría de los holandeses no pensaba lo mismo. Se creían a salvo porque habían sido neutrales durante la primera guerra mundial. Sin embargo, en la madrugada del viernes 10 de mayo de 1940 se sobresaltaron al oír el zumbido de los aviones y el aullido de las sirenas antiaéreas. Los Frank, como en las demás casas, saltaron despavoridos de la cama y se congregaron en el salón.

—Pim —dijo Ana, con más curiosidad que miedo—, ¿es la guerra?

Otto Frank tenía el oído pegado al aparato de radio colocado sobre el aparador. Edith se abrazaba a él llorando. La abuela Rosa, que se había ido a vivir con ellos, no dejaba de rezar y Margot estaba asustada. Las noticias que aquellos días leyeron los locutores eran cada vez más amenazadoras: "Aviones alemanes han bombardeado aeropuertos y puentes. Miles de paracaidistas han aterrizado en los alrededores de Rotterdam y La Haya. Los ejércitos alemanes invaden Holanda y Bélgica".

Numerosos judíos intentaron huir por tierra y por mar, aunque muy pocos lo consiguieron porque los alemanes bloquearon puertos y carreteras.

Holanda no había conocido ninguna guerra desde hacía más de un siglo, y su ejército era pequeño y estaba mal equipado. El primer ataque aéreo alemán destruyó más de 70 aviones, la mitad de los que disponían. Cuatro días después, el 14 de mayo, 57 aviones alemanes bombardearon el centro de Rotterdam, la segunda ciudad más importante de Holanda. En apenas dos horas destruyeron 25 000 casas, 63 escuelas y 24 iglesias, causaron 800 muertos y dejaron sin hogar a 80 000 personas. Ya nada sería igual que antes, ni para los holandeses, ni para los 157 000 judíos que vivían en el país, muchos de ellos refugiados de nacionalidad alemana, ni para la familia de Ana Frank.

Adiós a la libertad

Al principio, las autoridades nazis se mostraron tolerantes con la población judía de Holanda, pero dos meses después de la invasión empezaron a restringir sus derechos y a dictar leyes discriminatorias. Obligaron a los judíos a registrarse para tenerlos controlados, cesaron a los funcionarios y les prohibieron acudir a los lugares públicos, como parques y cines.

Un día antes de las vacaciones de 1941 la policía entró en el colegio Montessori y anotó en una lista a todos los niños judíos, y a primeros de septiembre, justo antes de empezar el nuevo curso, una ley impuso en toda Holanda la segregación en las escuelas. Los niños judíos solo podían ir a centros judíos. Durante seis años Ana Frank había ido muy contenta al colegio, pero tuvo que abandonarlo con otros ciento cuarenta alumnos. La niña no entendía esa separación. "¿Soy yo diferente? ¿Qué tienen contra mí?", le preguntó a su padre. La única explicación era el odio racista de los nazis, pero Otto la tranquilizó con una vaga referencia a la guerra.

Ana se despidió con mucha pena de los compañeros y de los profesores del Montessori.

—Te echaremos de menos —le dijo la directora.

Entonces Ana se echó a llorar en sus brazos y la señora Kuperus la acogió con lágrimas en los ojos.

Aunque no habían terminado sexto de primaria, el 1 de octubre Ana y Hanneli se incorporaron al instituto judío al que iba Margot. No conocían a las diez chicas y los dieciocho chicos de la clase, pero Ana congenió en seguida con ellos, hizo nuevas amistades, disfrutaba con el trabajo y seguía tan inquieta y charlatana como siempre. Se llevaba bien con sus profesores, aunque el de matemáticas se enfadaba a menudo con ella porque hablaba demasiado. Un día, cansado de reprenderla, el señor Keesing la castigó.

–Mañana me traes una redacción sobre este tema: "Ana, la charlatana empedernida".

Ana se la entregó al día siguiente. "Para mí, hablar es una necesidad natural e inevitable", alegaba en su defensa, "porque mi madre es más parlanchina que yo, y los rasgos hereditarios no se pueden modificar". Al viejo profesor Keesing le hizo gracia su razonamiento, pero cuando dos días después la volvió a castigar, le propuso otra redacción cuyo título burlón provocó la risa de la clase.

–Ana Frank, anota en la agenda el tema: "Cua, cua, cua, parpaba* la pata".

Con la ayuda de Sanne, que era poeta, Ana entregó al día siguiente un ingenioso relato en verso que narraba la historia de tres

patitos habladores a los que papá cisne mataba a picotazos. El profesor lo leyó en voz alta, entendió la alusión y alabó el cuento.

—Ana, a partir de hoy tienes licencia para charlar. Pero sin pasarte.

La condición de apartados, de encerrados en un gueto escolar, hacía más entrañable la relación entre profesores y alumnos.

Fueron pasando los meses y Ana vivió con impaciencia los días previos al 12 de junio de 1942. El año anterior no había tenido fiesta de cumpleaños porque la abuela Rosa estaba en casa recién operada de cáncer. Ana, que tanto la quería, sintió mucho su muerte siete meses después. Así que ahora esperaba muchos regalos. Iba a cumplir trece años, ¡trece!

—Ya no podréis tratarme como a una niña —advirtió en casa.

—¡Serás toda una mujer! —respondió Pim, guiñándole un ojo.

La víspera, Ana se acostó tan impaciente que se despertó a las seis, pero aguantó una hora en la cama hasta que toda la familia estuviera en pie. Entonces, salió deprisa del cuarto y, al entrar en el comedor, con su gato Morito restregándose contra sus pies, descubrió sobre la mesa una montaña de regalos. Margot y sus padres la contemplaban desde la puerta, en camisón y pijama. Había un ramo de rosas, una blusa azul, un juego de mesa, un billete de 2,50 florines, una botella de zumo, un tarro de crema, una caja de galletas caseras para llevar a los profesores y a los compañeros de clase. Pero el mejor regalo era un cuaderno de tapas duras, estampado en cuadros rojos y con un broche de cierre.

—Para que escribas tu diario —dijo su padre.

—¡Gracias a todos! ¡Os quiero mucho!

—Te haré una tarta de fresa para la fiesta de esta tarde —dijo Edith—. ¡Pero no me invites a toda la clase!

—Gracias, mamá. Tus tartas son las mejores del mundo. Papá, ¿nos pondrás una película de Rin Tin Tin?[15]

Aquel mismo día, el viernes 12 de junio de 1942, Ana Frank empezó su diario. Decidió llamarlo Kitty y considerarlo una amiga, "la mejor, la que nunca se cansa de escuchar confidencias, la que guarda los secretos más íntimos".

Ana preparaba los exámenes finales, jugaba al pimpón con Hannah y Sanne, iba al dentista andando, porque le habían robado la bici en Pascua y los judíos no podían viajar en tranvía, y tenía un enamorado de dieciséis años. Nunca se había visto guapa, desde luego no podía compararse con Margot, pero los chicos siempre le habían hecho mucho caso. Margot era callada y estudiosa, llevaba gafas y nunca llamaba la atención. Parecía querer pasar inadvertida. Y eso no era tan fácil porque los chicos del instituto eran muy enamoradizos. Tenían alma de donjuán. En cuanto uno de ellos recibía una mirada curiosa de una chica, se ponía gallito, se convertía en un apasionado Romeo de miradas fogosas y con el mayor descaro se acercaba a la chica y le preguntaba: "¿Te acompaño a casa?" Ana tenía muchos admiradores, pero sabía pararles los pies.

—Ana, ¿quedamos esta tarde en la heladería Oase?

—¿Para qué? —les decía Ana tajantemente, frenándolos en seco.

Sin embargo, unos días después de su cumpleaños se le emparejó tímidamente un chico camino del instituto.

—Me llamo Hello Silberberg. ¿Puedo acompañarte?

—Bueno. Como vamos en la misma dirección…

Al día siguiente Hello la esperó en el mismo sitio y en adelante iban juntos a clase. Hello se mostraba muy cortés, hacía tallas de madera y los miércoles acudía a las reuniones del partido sionista.[16] Era otro judío alemán. Sus padres lo habían enviado a Ámsterdam con los abuelos maternos días después de que los nazis incendiaran la tienda de ropa que tenían en Gelsenkirchen la "Noche de los cristales rotos".

Hello y Ana se veían también algunas tardes. Ana conocía a su novia, y le escribió a Kitty su opinión sobre ella: era una chica monilla, dulce, pero aburrida. "Te aseguro, querida Kitty, que Hello se duerme a su lado. Yo, en cambio, soy para él un antisomnífero."

Una semana después de salir juntos, Hello llamó a Ana por teléfono a eso de las seis.

—Ana, tengo que hablarte. Es importante.

—¿Qué pasa?

—¿Quedamos en diez minutos?

Ana se apresuró a cambiarse de ropa y a peinarse ante el espejo; luego lo esperó asomada a la ventana.

—Adiós, mamá —dijo de repente.

—¿Viene ya tu novio?

—Es solo un amigo, mamá. No estoy enamorada.

—Mañana invita a tu galán a subir y nos lo presentas.

Ana bajó corriendo las escaleras y abrió la puerta de la calle justo cuando Hello iba a tocar el timbre.

—¡Hola! —lo saludó.

—Mi abuela no quiere que salga contigo —le espetó él sin ningún preámbulo.

—¿Por qué?

—Dice que eres demasiado joven para mí. Quiere que siga con Úrsula. Pero hemos roto.

—¿Por qué?

—No nos entendíamos. De todos modos le dije a Úrsula que en mi casa sería siempre bien recibida. Ahora soy libre. Podré verte todas las tardes.

—Pero tus abuelos no quieren. No está bien vernos a sus espaldas.

—El amor es una fuerza irresistible —sentenció Hello.

En aquellos días de junio muchos compañeros de Ana temblaban esperando las notas finales, pero ella estaba tranquila. Pensaba aprobar todas las asignaturas con notable o sobresaliente, menos las matemáticas. Los números se le daban mal, en cambio había logrado cierta fama de buena escritora.

—En álgebra me van a suspender —avisó en casa para prevenir una reprimenda o un castigo.

Pero su padre no dio importancia al posible suspenso. Otto pasaba mucho tiempo en casa, se le veía preocupado, hablaba poco y no era tan gracioso con sus hijas como solía. No era el mismo Pim de siempre. También Edith estaba rara, más quisquillosa y mandona. Hasta Margot, que esperaba sacar sobresaliente en todo, parecía otra. En aquellas semanas los nazis estrecharon el cerco a los judíos. Por todas partes había carteles y placas con letras mayúsculas que decían: VOOR JODEN VERBODEN ('Prohibido a los judíos'). Los judíos no podían viajar, ir a peluquerías, hacer compras que no fueran entre tres y cinco de la tarde, acudir a teatros y cines, pasear por los parques, practicar deportes en canchas públicas... Ni siquiera podían entrar en casa de cristianos. El toque de queda* era riguroso: entre las ocho de la tarde y las seis de la mañana ningún judío podía pisar la calle.

El día 1 de julio del 1942 Ana llegó a casa diez minutos tarde y encontró a toda la familia alarmada.

—¡Nunca más, Ana! —dijo su padre, bastante enfadado—. ¿Quieres que te detenga la Gestapo? ¿Y que vayamos todos a la cárcel? A las ocho menos diez te quiero en casa. ¿Prometido?

—Prometido, papá.

El 4 de julio fue el primer día de vacaciones. Al día siguiente, domingo, a eso de las tres, Ana estaba leyendo en una tumbona de la galería, cuando entró Margot descompuesta.

—Han traído una citación de las SS.[17]

Ana se quedó sin habla.

—«Tiene que presentarse en la estación central el día 15, a las 13 horas» —leyó Margot, y rompió a llorar sin consuelo.

Medio año antes, el 20 de enero, las autoridades nazis de Berlín se habían reunido para estudiar la manera de exterminar a nueve millones de judíos europeos. Lo llamaron la «solución final». En Holanda la Gestapo empezó a llevar a los judíos a un campo de concentración al norte del país. En Ámsterdam se veía a diario a los guardias de las SS sacar a judíos de casa, arrearlos a empujones y culatazos si se resistían, agruparlos en el Teatro Holanda o en la estación y meterlos en camiones y trenes con destino al campo de Westerbork. Se les decía que iban a trabajar con buenas condiciones, pero corría el rumor de que los campos de trabajo eran en realidad lugares de exterminio. Para escapar a las citaciones y a las redadas, muchos judíos se escondían en sótanos, buhardillas y rincones, otros buscaban cobijo en casas de amigos holandeses, otros se refugiaban en pueblos y granjas.

—¡A papá no se lo llevan! —dijo, por fin, Ana.

—La citación no es para papá. Es para mí —dijo Margot, tendiéndole la carta.

Ana se estremeció con el lenguaje amenazador de la notificación y la lista detallada de lo que su hermana tenía que llevar: una maleta con un par de botas, dos pares de calcetines, dos bragas, dos camisetas, un jersey, un mono, dos mantas de lana, dos juegos de cama, un plato, una cuchara, un tenedor, un vaso y comida para tres días de viaje.

—¡No te llevarán! —exclamó Ana al terminar la lectura del documento, llorando a mares y abrazándose a su hermana.

La tarde fue agitada y llena de agobios. Otto había ido a llevar cosas al asilo judío y no volvió hasta las cinco. Nada más escuchar la noticia, telefoneó a Hermann van Pels, el especiero, y a Johan Kleiman, el contable de la empresa. No tardaron en venir.

—La fecha prevista para escondernos era el día dieciséis, pero no podemos esperar —les dijo.

Los dos empleados asintieron.

Edith y Auguste van Pels cuchicheaban, las dos muy ansiosas.

—Westerbork ya no es un campo de concentración, sino de paso —dijo el señor Kleiman—. A los presos los llevan a campos de trabajo de Alemania y Polonia.

—De trabajo y de muerte —añadió Otto—. Los nazis no quieren un judío vivo en toda Europa.

—He oído que los gasean en cámaras —añadió Hermann.

Cuando se fueron las visitas, Otto se acercó a Margot y Ana.

—Como sabéis —les dijo—, desde hace un año sacamos de casa muebles, ropa y alimentos. También nosotros tenemos un escondite.

—¿Dónde, en el campo? —preguntó Ana.

—Mañana lo verás. Ahora id a vuestros cuartos y recoged lo indispensable.

Ana llenó la mochila con la pluma que le había regalado la abuela Rosa, lápices, cartas, fotos, libros, el diario y algunos recuerdos. Después de irse las visitas, Ana y Margot volvieron al salón con sus padres. Estuvieron mucho rato en silencio. El tictac del reloj de la pared parecía latir más fuerte, como asustado. Edith estaba tan angustiada que se olvidó de la cena, pero nadie tenía hambre.

A eso de las once el timbre los sobresaltó. Era Miep, la secretaria de la empresa, y Jan. Venían a recoger bolsas de ropa y de zapatos para llevarlas al refugio. Cuando se fueron, dijo Otto:

—Es tarde. Ahora todos a la cama.

Ana estaba tan agotada que se durmió enseguida. A las cinco de la mañana la despertó su madre.

—Arriba. Sin hacer ruido. Levántate y ponte la ropa que puedas, una prenda encima de otra.

Ana se vistió como para esconderse en una nevera. Se puso dos pares de medias, tres pantalones, una falda, un vestido, dos camisetas, dos blusas, chaqueta, bufanda, gorro y abrigo. También Margot estaba vestida como para ir al polo norte. Poco después vino Miep a recoger otra bolsa y Margot se fue con ella.

—Cuanto más revuelta quede la casa, mejor —dijo Edith.

En la cocina se amontonaban los cacharros y sobre la mesa quedaron los cubiertos, la mantequilla y los tarros de mermelada del desayuno. No fue menor el desorden en el baño y en las habitaciones, con las camas deshechas, los armarios abiertos, todo patas arriba, como si la familia hubiera huido precipitadamente.

A eso de las siete, Otto dijo a su mujer y a su hija:

—¿Listas? Vamos, sin hacer ruido…

Ana cargó la mochila a la espalda y cogió a Morito en brazos.

—El gato, no, Ana.

—Pero Pim…

—No puede ser, Ana.

Ana lo apretó contra su pecho y lo dejó en el suelo.

Fuera, en la calle, llovía a mares. El amanecer de aquel 6 de julio era frío y turbio, no parecía un día de verano. Otto, Edith y Ana caminaban sin apresurarse para no llamar la atención. Los obreros que pasaban en bicicleta los miraban, los reconocían por la estrella amarilla y los compadecían: seguramente eran judíos fugitivos. Pero no podían ayudarlos.

El primer día en la Casa de atrás

Otto, Edith y Ana llegaron empapados a la empresa. Antes de abrir la puerta, Otto miró miedoso a un lado y a otro de la calle.

—Pero, ¿es aquí el escondite? —preguntó Ana, sorprendida—. Yo creía que íbamos al campo, a una granja.

—Vamos dentro.

La empresa Opekta estaba en un edificio de fachada estrecha que daba al canal del Príncipe, excavado tres siglos antes, el tercero que ceñía el centro histórico de Ámsterdam. En la planta baja se recibía la mercancía, se elaboraba la pectina,* se molían las especias y se envasaban los productos. Encima del almacén había dos plantas más. En el primer piso de la parte delantera estaban las oficinas, donde trabajaban dos mujeres y dos hombres. Johan Kleiman era el contable y Victor Kugler, el director. Otto Frank tuvo que poner la empresa a nombre de Kugler para que los nazis no la incautaran,* y le cedió el despacho, un cuarto espacioso con muebles oscuros, un aparato de radio y una alfombra cálida. Elisabeth Voskuijl, a la que todos llamaban Bep, era la taquimecanógrafa* y llevaba cuatro años en la empresa; tenía veintitrés años, usaba gafas y era alegre, servicial y bonachona. Su padre era el jefe del almacén. Luego estaba Miep Gies que, más que una simple secretaria, era amiga íntima de los Frank y el alma de la empresa. Había nacido en Viena, en una familia católica y pobre, pero desde los once años vivía en Ámsterdam. Al terminar la primera guerra mundial, cuando mucha gente pasaba hambre, sus padres la habían enviado a Holanda por unos meses, pero acabó quedándose con la familia de acogida. Su lengua materna era, pues, el alemán. Miep tenía treinta y cuatro años y llevaba nueve en la empresa. Hacía un año que se había casado con Jan, un hombre alto, elegante y simpático. Los cuatro empleados eran leales, y, aunque podían ir a la cárcel por ayudar a judíos, se habían comprometido a esconder y ayudar a la familia Frank.

Tras cruzar el umbral de la puerta, Otto, Edith y Ana no se dirigieron a la escalera que subía directamente a las oficinas, sino que cruzaron una puerta, caminaron por un largo pasillo hasta el fondo y subieron por otra escalera al primer piso. En el corredor había dos puertas; la de la derecha daba a la oficina. Otto abrió la puerta de la izquierda.

—Pasad.

Subieron unos escalones de madera blanca muy pendientes y al final llegaron a un rellano con una puerta pequeña y gris: era la entrada a la «casa de atrás». Nada más cruzarla encontraron a Miep y Margot.

—¡Por fin! —dijo Miep con alivio—. Ya estáis todos. Os dejo, bajo a la oficina. Volveré a las doce y media.

Miep salió y cerró la puerta. Los encerrados oyeron sus pasos perderse escaleras abajo.

La Casa de atrás tenía dos plantas y una buhardilla.

–Este será nuestro escondite hasta que acabe la guerra –dijo Otto–. Aquí está el aseo.

Abrió la puerta para que Edith y Ana lo viesen. Era pequeño, y solo disponía de un lavabo, un retrete y un armarito.

–No hay ducha –se quejó Ana.

–Ni agua caliente –dijo Otto–. Ya nos arreglaremos. Aquí está nuestra alcoba.

La habitación medía unos cinco metros de largo por tres de ancho. En ella había una mesa y dos sillas junto a la ventana, una cama de matrimonio y otra pequeña con una alfombra roja entre las dos, un armario ropero, dos estantes en la pared y, en un rincón, el baúl que Otto tenía cuando luchó en la primera guerra mundial.

–No nos falta de nada –dijo Otto, que vio a su mujer y a sus hijas temerosas y asustadas; luego se acercó a la puerta que comunicaba con la habitación paredaña–. Margot, Ana: aquí está vuestro cuarto.

Como Margot había venido con Miep a primera hora de la mañana, ya lo conocía. Era una habitación estrecha, con una ventana que daba al patio de la manzana y dos camas separadas por una mesita de noche. Sobre ellas había bolsas y cajas de cartón.

–Ana, en esa caja hay cosas tuyas.

Ana levantó la tapa y vio sus colecciones de postales y fotos de estrellas de cine.

–Gracias, Pim. Estás en todo.

En ese momento se oyó sollozar a Edith. Otto la abrazó para serenarla. Luego llamó a sus dos hijas y las estrechó contra su cuerpo, formando los cuatro una piña.

–Este es un refugio seguro. Somos muy afortunados.

Margot estaba como ida, y Edith siguió lloriqueando.

–Vamos, quitémonos la ropa mojada –ordenó Otto.

Ana se cambió en su cuarto y volvió a la habitación de sus padres. El carillón* de la iglesia del Oeste dio con alegría las campanadas de las ocho y media. La iglesia estaba en la misma calle, a siete portales, y su torre de 85 metros era la más alta de la ciudad.

—A partir de ahora, no podemos hablar ni hacer ruido —advirtió Otto—. Ni una palabra. Ni toser. Ni abrir grifos, ni tirar de la cadena del retrete. Pueden oírnos abajo.

Abajo, en el almacén, trabajaban a las órdenes del padre de Bep dos empleados que no estaban al tanto del encierro de la familia Frank. La jornada laboral en la fábrica era de ocho y media de la mañana a cinco y media de la tarde, con una hora libre a mediodía para almorzar.

—Los ruidos pueden delatarnos —avisó Otto—. Además de nuestras vidas, nuestros protectores arriesgan la suya por ocultarnos. No podemos asomarnos a las ventanas.

Otto Frank había empezado a equipar la Casa de atrás medio año antes, en enero de 1942, cuando la Gestapo y la policía holandesa que colaboraba con los invasores comenzó a detener a los judíos para deportarlos a Alemania.

Durante cuatro horas Otto, Edith y sus hijas permanecieron en silencio. Los ruidos que llegaban de la calle o del almacén cobraban un sentido inquietante, y los más sonoros resonaban con estrépito en sus corazones asustados.

Otto retiró cajas de la cama para que Edith y Margot se tumbasen. Las dos estaban agotadas, como sonámbulas, sin ganas de nada, y se durmieron un buen rato. En cambio, Ana y su padre se pusieron a empalmar telas de colores y retazos para hacer cortinas.

—Son cortinas mosaico —susurró Ana—. La mar de artísticas.

Otto asintió con una sonrisa.

—Pim —cuchicheó Ana—, con este silencio tengo la sensación de que me espían mil ojos.

—Te acostumbrarás a morderte la lengua.

Para Ana, la charlatana, la niña cuacuacuá, no iba a ser fácil estarse cuatro horas quieta y sin hablar.

A las doce y media, cuando se cerró la fábrica para el almuerzo de los empleados, la familia Frank salió de su obligado letargo y empezó una actividad febril. Lo primero fue ir al baño. Luego empezaron a sacar de las cajas mantas y sábanas para hacer las camas, guardar ropa en los armarios y colocar en el aseo las toallas, las cremas, los cepillos de dientes… Subió Miep, anotó algunas cosas que le encargaron y se llevó las cartillas de racionamiento.[18]

Después subieron al piso superior. La escalera de madera era estrecha, muy empinada y con algunos peldaños viejos. A un lado estaba el salón-comedor, con cocina de gas, fregadero, armarios, una mesa con ocho sillas, un diván* y una cama plegable, y, al otro lado, un cuarto alargado y no muy ancho con una escalera en medio para trepar a la buhardilla.

Poco antes de la una y media los encerrados malcomieron un bocado y, cuando regresaron los empleados, guardaron silencio. Ana se aisló en su cuarto y contó con detalle a Kitty los sucesos de la mañana, la pena que había sentido al abandonar la casa y su excitación miedosa. Miedo en la calle a que una pareja de la Gestapo les diera el alto, miedo al entrar en la Casa de atrás, miedo a que un ruido los delatase, miedo a que entrase de golpe la policía, detuviese a toda la familia y la llevase a un campo de concentración. ¿Y eso por qué, Kitty? ¿Cuál es nuestro delito? ¡Ser judíos! ¿Por qué el pueblo judío ha sido siempre perseguido?

La tarde transcurría en silencio y los ruidos de fuera ya no parecían tan pavorosos como por la mañana. Ana oía sin asustarse el carillón de la torre de la iglesia, como si la melodía fuese una amiga que cada poco le dijese: "No pasa nada. Disimula tu miedo". Echaba de menos a Morito. A veces, cuando Ana hacía los deberes, el gato subía de un salto a la mesa, se sentaba y observaba los trazos del lápiz en el papel como un profesor paciente que acecha las faltas de ortografía. Una vez Ana había leído que los gatos preferían la compañía de los escritores y se sentían bien en los cuartos donde hay muchos libros.

Cuando cerró el cuaderno, Ana sacó de la caja las postales y las fotos de artistas que había recortado de la revista *Libelle*. Su cuarto tenía que ser un refugio dentro del refugio, su sanctasanctórum.* Quería tenerlo ordenado, y decorar la pared con paisajes y rostros hermosos que al mirarlos le hicieran pensar que era libre, que no había guerra, que los nazis no habían ocupado Ámsterdam, que

patinaba con Hanneli o que estaba en la playa tumbada boca arriba viendo las nubes pasar. ¡Quién sabe cuántos días tendría que pasar en ese cuarto, como un caracol en su concha! Con cola pegó en la pared postales y fotos de Greta Garbo, Ginger Rogers, el guapo Tyrone Power y Sonja Henie,[19] que posaba en un coche descapotable, tan rubia, tan sonriente...

Al terminar la jornada laboral, subieron Miep y el señor Kleiman.

—Miep, eres nuestro ángel custodio —le dijo Ana.

Miep traía una bolsa repleta de comida y un jarabe dulzón para aliviar las toses de Margot. Kleiman cargaba con dos cestas de cerezas para quitarles el rabo y deshuesarlas.

—Aquí no queremos gente ociosa —dijo de buen humor—. Es la época de hacer mermelada de cerezas.

Después de irse los protectores, Edith y sus hijas estuvieron poniendo orden en la cocina, hicieron la cena y colocaron los cubiertos en la mesa. Entretanto Otto se afanó en recortar un panel para cubrir la ventana de modo que desde las casas del patio no vieran luz encendida. Aunque el silencio no había de ser ahora tan riguroso, la cautela era necesaria. Edith regañó a Ana varias veces por cosas sin importancia, pero a Margot, que acababa de estropear la aspiradora, solo le hizo una leve advertencia.

—¡Mamá, solo me riñes a mí! —se quejó Ana—. Soy la oveja negra de la familia.

Margot era la chica ejemplar: discreta, educada y estudiosa. Ana, en cambio, una cotorra, inquieta y marisabidilla. ¡Nadie la comprendía! Su madre no hacía más que regañarla y soltarle sermones.

Mientras cenaba el puré de guisantes, Ana se imaginó que formaba parte de una familia de topos en su madriguera. Los cuatro se sentían extraños y sin muchas ganas de conversar. Edith seguía como ida, hasta que volvía en sí con un suspiro hondo.

—Nuestro encierro puede ser largo —dijo Otto—. Tenemos que organizarnos. Ana, Margot, vosotras no podéis dejar los estudios. Recordadlo bien: somos afortunados de tener un hogar cómodo y amigos que nos van a proveer de todo.

Ana se conjuró para parecer fuerte y no caer en sensiblerías ante los demás. "Yo rumiaré mis sentimientos a solas", pensó. "Solo los confiaré a Kitty".

Al final de la cena se animó un poco la conversación. Otto dio una noticia importantísima: no estarían solos. Vendrían también a esconderse el matrimonio van Pels y su hijo Peter.

—¡Vaya compañero! —dijo Ana—. Peter es un soseras.

Después recogieron los cacharros y bajaron a los dormitorios. Ana y Margot leyeron un rato en la cama, pero el día había sido agotador y enseguida les vino el sueño. Antes de que Margot apagase el flexo, Ana apartó un poco la cortina. Por la rendija vio luces en las casas vecinas y más lejos el resplandor de los reflectores que iluminaban la noche al paso de algún avión inglés que sobrevolaba la ciudad.

Otra familia escondida

Una semana después de su encierro desayunaban los Frank el café y las tostadas con mermelada, cuando oyeron abrirse la puerta de entrada a la Casa de atrás, en el piso de abajo. Los cuatro se quedaron paralizados de terror.

—¿Quién es? —pregunto Edith, soltando la cuchara.

—¡Ssss…!

Era muy pronto para abrir la oficina. Otto, Edith, Margot y Ana se quedaron sin aliento al oír pasos en la escalera, hasta que emergió un sombrero verde y, debajo, la cara sofocada y el resto del cuerpo de Auguste van Pels. Vestía un abrigo muy elegante y se había maquillado con esmero. Tras ella apareció Hermann, su marido, con una mesita plegable bajo el brazo. Y luego Peter.

—No os esperábamos hasta mañana —dijo Otto levantándose de la mesa—. Bienvenidos al refugio.

—La Gestapo hace redadas en todos los barrios. Saca a los judíos de sus casas. A todos, niños y viejos —dijo Hermann.

—¿Dónde dejo esto? —preguntó Auguste, mostrando la caja que llevaba en la mano.

—¿Otra pamela, señora van Pels? —preguntó Ana—. Aquí dentro no hacen falta boinas ni sombreros.

—Es mi orinal. Con él me sentiré como en casa.

A los Frank les dio la risa. Peter sostenía una cesta de mimbre.

—¿Tú también traes tu orinal? —le preguntó Ana, burlona.

—Es Mouschi. Mi gato.

—Aquí no se admiten animales —sentenció Ana.

—Es miedoso —aclaró Peter, sacándolo del cesto y abrazándolo contra su mejilla.

–Da igual. Así que ya puedes…

–Cálmate, Ana –le dijo su padre–. Hermann, habíamos quedado en que no traíamos animales.

–Es por si hay ratones, ¿verdad, Peter? –intervino Auguste en defensa de su hijo.

–No es justo, papá –protestó Ana con rabia–. A mí me prohibiste traer a Morito.

–Fuera hay guerra y nos persiguen, y tú, Ana, te preocupas por tu gato –le dijo Auguste con cara avinagrada.

–Ana… –la reprendió con dulzura su padre–. Ya está bien. Ahora enséñale a Peter su cuarto.

"¡Hasta Pim me está fallando!", pensó Ana, levantándose malhumorada de la mesa. Y salió con ganas de decirle a Peter, al pasar a su lado: "Sígueme, pasmarote".* El cuarto de Peter era pequeño y parecía un trastero, lleno de cajas y bolsas sobre la cama. En medio estaba la escalera de madera para subir a la buhardilla.

–Si quieres te doy fotos de artistas para decorar las paredes –le dijo Ana–. Mi cuarto ha quedado bastante acogedor.

Peter se quedó plantado bajo el dintel de la puerta y no contestó. Era desgarbado y parecía perezoso. Pronto cumpliría dieciséis años.

–Sube, Peter. Te enseño la mejor sala de este palacio.

Trepó Ana con pasos ágiles al desván, una pieza con las vigas y tablas al descubierto, convertido en despensa y almacén. Había un baúl pesado, un catre, material publicitario de las mermeladas Opekta, tablones, sacos de patatas y de legumbres, latas de conservas para resistir el invierno y en los anaqueles* de la pared muchos objetos diversos. Al fondo, en una de las techumbres inclinadas, sobresalía una ventana. Ana se asomó a ella.

–Mira, el canal.

Peter, con el gato en brazos, se acercó y ella le hizo un sitio.

–Y la torre de la iglesia. Es la más alta de Holanda. Me gusta oír las campanadas.

Estuvieron los dos un ratito callados, hasta que Ana se abalanzó sobre el alféizar* y sacó la cabeza fuera.

—¡Qué hermoso es el cielo cuando estás encerrada como un topo! Hoy hace una semana que perdí la libertad. Yo aquí respiro y me calmo. Abajo el silencio me pone nerviosa.

Peter seguía mudo. Después de una pausa, Ana se volvió a él y le soltó a bocajarro:

—¿Te llevas bien con tus padres?

—A días —respondió él.

—Yo a mi madre a veces no la soporto. Siempre me está regañando. Los padres nunca entienden a los adolescentes. Bueno, Pim es distinto.

Por la tarde, Ana anotaría en su diario que Peter le parecía torpe, como todos los chicos de su edad. Y aburrido. "La verdad, querida Kitty, es que no espero mucho de él".

Entretanto, abajo, en la cocina-salita, Otto explicaba al matrimonio van Pels la situación.

—Aquí es donde las dos familias haremos la vida en común. Cocinar, comer, reunirnos. También es vuestro dormitorio. Ese mueble es una cama plegable.

El encierro de la familia van Pels estaba también previsto con mucha antelación. Hermann, el socio de Otto, había ido trayendo a la Casa de atrás cajas y bolsas con ropa, zapatos, ollas, cubiertos y otras cosas necesarias para permanecer en el escondite una larga temporada.

Cuando Ana y Peter bajaron de la buhardilla, Otto informó a los recién llegados de las reglas y horarios que regían en el refugio.

–Hay un aseo para todos. Por la mañana entraremos por turno. Edith y yo seremos los primeros. No hay que demorarse mucho. Luego el desayuno, y a las ocho y media, todos quietos y en silencio. Cada uno sabrá cómo ocupar el tiempo. No podemos asomarnos a las ventanas ni de día ni de noche. Y lo más importante: durante el horario laboral no se puede hablar alto, ni moverse, ni abrir grifos, ni usar el retrete, ni tirar de la cadena, porque los desagües bajan al almacén.

–Pero –replicó Auguste con cara de horror– si me entran las ganas de…

–Hay orinales –respondió Otto.

Ana disimuló la risa, pero Auguste se dio cuenta y la miró con rabia, como diciendo: "Esta mocosa maleducada…"

–No hay un escondite mejor en toda Holanda –dijo Otto–. Somos afortunados. Y tenemos unos protectores que arriesgan su vida por nosotros.

Hermann asintió y encendió un pitillo. Mouschi, rabo en alto, pasó entre las piernas de Margot, que no le hizo el menor caso. En esto repicó el carillón de la iglesia. Eran las ocho y media.

–Es la hora de abrir la fábrica. La hora del silencio.

Ana y Margot bajaron sigilosas la escalera para ir a su cuarto y pasar la mañana leyendo, como hacían todos los días desde su encierro.

–Auguste es insoportable. ¡Qué señora! –dijo Ana.

–Tiene miedo, y acaba de llegar –le contestó su hermana.

–Tú siempre tan comprensiva. ¿Y qué me dices de Peter? Está pasmado.

–Es tímido. Solo nos faltaba que fuera tan charlatán como tú.

Otto y Edith se quedaron con los van Pels en la salita comedor. Conversaron en voz baja mientras pelaban y deshuesaban cerezas de las tres cajas que el señor Kleiman había dejado la tarde anterior. A mediodía, cuando los empleados se fueron a almorzar, Ana bajó a la oficina a recoger las cinco barras de pan que el panadero dejaba a diario sin sospechar que fueran para unos judíos escondidos.

Durante la comida los van Pels estaban animados y habladores.

—Somos como críos que han salido al recreo —dijo Hermann.

Otto sacó de una alacena una botella de vino blanco.

—La tenía reservada para celebrar que estamos juntos y a salvo —dijo, mientras la descorchaba—. Vino alemán.

—¡Ah, nuestros buenos vinos! —dijo Hermann.

—¿Nuestros? Nosotros ya no somos alemanes. Hitler nos lo impidió.

—Pim, ponme un poco —dijo Ana—. Quiero brindar.

—Pues di el brindis —la animó su padre.

—¡Por el fin de la guerra! ¡Por la libertad!

Mientras tomaban la sopa de guisantes, Hermann dio una buena noticia.

—El día de vuestra huida, fui a vuestra casa y llamé a la puerta del vecino. "¿Sabe algo de la familia Frank?", le pregunté con cara de preocupación. "No", contestó. El vecino, sospechando lo peor, entró conmigo en vuestra casa. Vio todo revuelto y no tuvo dudas: "Se los ha llevado la Gestapo", dijo. Pero leyó la nota que habías dejado sobre la mesa —añadió, mirando a Otto— y dijo, aliviado: "Se han ido a Suiza". "Pues no digas nada", le advertí. Sin embargo, él se encargó de difundir la noticia y ahora todos os creen en Basilea con tu madre y tu hermana.

—¡Qué sería de nosotros sin ti, Otto! —dijo Auguste con tanto entusiasmo que parecía rebajar la estima que tenía a su marido.

—Hermann —interrumpió Ana—, ¿has visto a Morito?

—Lo recogería el vecino —contestó Auguste.

—¿Y mis amigas? —volvió a preguntar Ana—. ¿Habéis visto a Hanneli, Sanne y Jacquelin?

Hermann y Auguste se miraron y luego miraron a Otto, como pidiéndole permiso para dar la mala noticia.

—A los Goslar se los llevaron anoche.

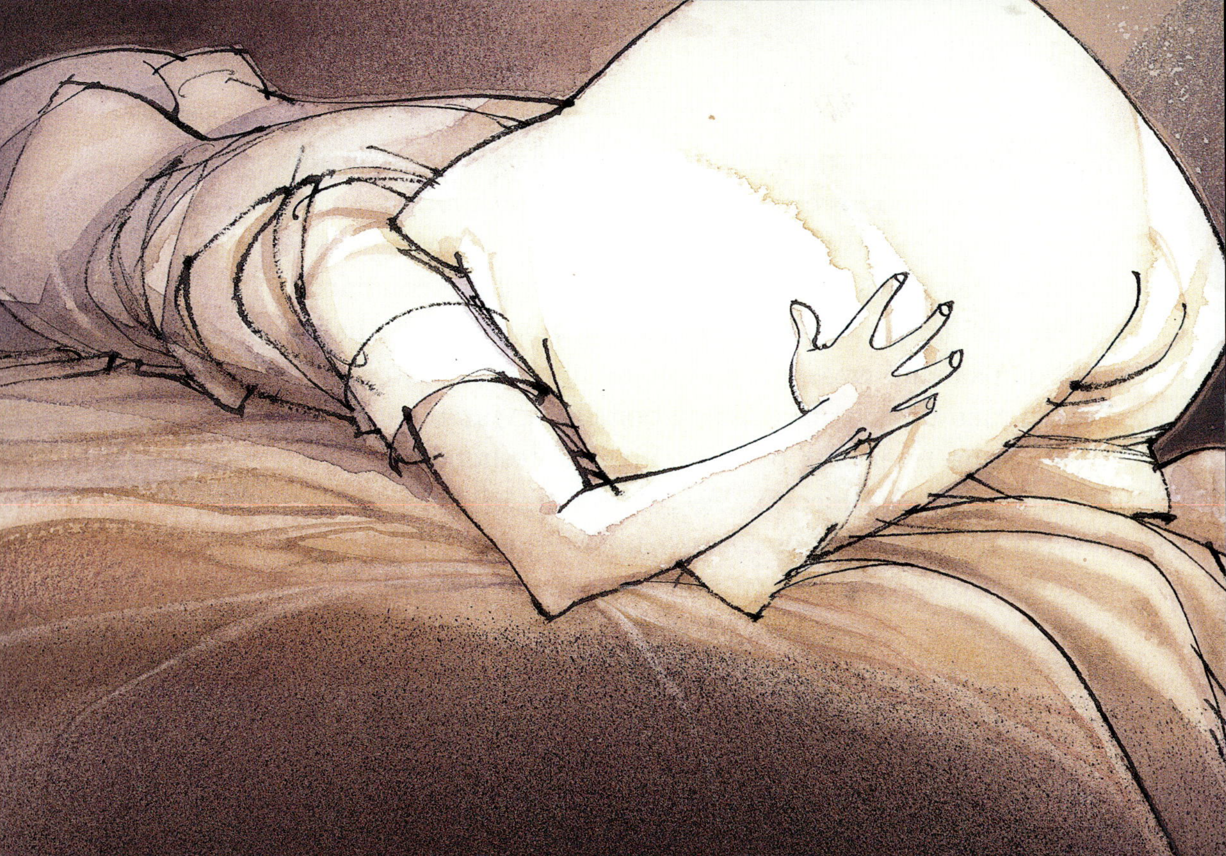

Ana se levantó de la mesa y bajó precipitadamente las escaleras para ir a tumbarse en su cama. Se tapó la cabeza con la almohada y se estremeció de llanto al ver en su imaginación a Hanneli en un campo de concentración con la cabeza rapada, vestida con harapos, flaca y enferma, mirándola con sus grandes ojos. "No puedo ayudarte, Hannah. No puedo."

A partir de aquel día la vida en la Casa de atrás discurrió de manera rutinaria. Ana y Margot se levantaban a las siete y media, y se suponía que el aseo debía ya estar libre, pero Auguste se demoraba y las hacía esperar. Mientras los empleados estaban en la oficina eran horas de lectura, de coser, de pelar frutas… Después de la comida Margot leía en la cama y Ana solía escribir el diario; se sentaba a la mesa, abría el cuaderno y anotaba en él los sucesos del día. Mantenía invariable la fórmula epistolar. La carta empezaba con un "Querida Kitty" y terminaba con esta despedida: "Tu Ana Frank". Le confiaba a su "amiga del alma" sus estados de ánimo, las incidencias en el escondite, las regañinas de su madre, el egoísmo de Auguste, las rarezas de Peter, su añoranza de las amigas, su sueño de ser escritora, sus ganas de gritar, bailar, ir en bici, tomar helados…, en fin, todo, abriéndole el corazón de par en par. Sin Kitty se asfixiaría en aquella ratonera.

A las seis, nada más cerrar la fábrica, era como si los habitantes de la Casa de atrás fuesen muñecos a los que se les daba cuerda. Podían hablar y moverse. Entonces reinaba gran ajetreo: ir al aseo, vaciar orinales, hacer camas, barrer, fregar cacharros, preparar la cena, planchar, hacer la colada y tenderla, bajar al despacho principal de la oficina a oír la radio, charlar con Miep, que traía comida, libros, lápices, papel higiénico… Jan, su marido, había conseguido varias cartillas de racionamiento, de manera que podía adquirir alimentos en las tiendas.

También alguna vez subía el señor Kleiman, el contable, para informar del negocio. Siempre estaba de buen humor y tenía especial simpatía por Ana.

—Mira qué te he traído.

—¡Muchas gracias, Jo! —dijo ella recogiendo una revista y abalanzándose sobre él para darle un par de besos.

La semana era una revista de cine y teatro que Ana leía con devoción para estar al tanto de los estrenos y de la vida de los artistas. De mayor quería ser una escritora famosa, escribiría novelas, comedias y guiones de cine. Por sugerencia de su padre, anotaba en otro cuaderno las "frases bonitas" que le llamaban la atención en los libros que leía.

El sábado 18 de julio los escondidos festejaron el primer aniversario de boda de Miep y Jan. Cocinó Edith y Ana tuvo la ocurrencia de colocar en la mesa una tarjeta con el menú escrito a máquina en la oficina. Cenaron los nueve apretados alrededor de la mesa. La sopa, la ensalada Richelieu, el rosbif y las frambuesas con canela estaban riquísimos. Fue una velada alegre.

Los encerrados esperaban con impaciencia los sábados y domingos porque, al no ser días laborables, se movían a todas horas con más libertad. Disponían de tiempo para el baño semanal y las faenas domésticas. Las mujeres lavaban toallas y sábanas y los hombres se ocupaban en tareas de bricolaje. Con tablas de cajones

de fruta Otto y Hermann hicieron paneles para tapiar las ventanas de manera que de noche no saliera luz del refugio. Pero la medida más segura fue idea de Victor Kugler. Mandó a Johan Voskuijl, el jefe del almacén, el padre de Bep, la administrativa, construir una librería giratoria para sustituir la puerta de la Casa de atrás. Así quedaba oculta la entrada y sería difícil que la Gestapo sospechara que tras ese mueble se encontraba el escondite de siete judíos.

Hacia las siete y media Otto y Hermann bajaban al despacho de Kugler para escuchar en la radio las noticias de la BBC.[20] Así se enteraban de la marcha de la guerra. No era nada bueno lo que oían. Los ejércitos alemanes avanzaban victoriosos en Rusia y cercaban Stalingrado.[21]

Casi todos los días Ana subía a la buhardilla a contemplar el atardecer de verano, que ya declinaba.

—¿Vamos, Peter? Siempre te encuentro tumbado en la cama. Mira que eres vago.

Peter y Mouschi treparon tras ella por la escalera. La luz de la tarde se colaba por la ventana y dibujaba en el suelo una franja dorada. Ana y Peter, hombro con hombro, se asomaron y contemplaron una barcaza pasar por el canal, el vuelo de las chillonas gaviotas y las nubes que parecían burbujas o castillos en el cielo.

—Respira hondo, Peter. Haz como yo. Te llenas los pulmones de aire puro y es como si respiraras libertad.

El compañero de cuarto

Hacía cuatro meses que las familias Frank y van Pels vivían escondidas en la Casa de atrás, cuando llegó otro fugitivo de los nazis. La idea fue de Otto. "Los judíos mueren a miles en los campos de trabajo. Nosotros tenemos sitio para salvar a una persona más".

Miep, la secretaria, propuso a su dentista, el doctor Pfeffer.

—Está asustado y no sabe dónde esconderse —dijo—. Y no tiene hijos ni familiares en Holanda, aunque tendrá que dejar a su novia Charlotte.

Otto lo conocía. Fritz Pfeffer tenía su misma edad, era un alemán huido en 1938 de los pogromos nazis, estaba divorciado y desde hacía algún tiempo vivía con su novia, una joven cristiana que tenía veintiocho años menos que él. No había podido casarse con ella porque las leyes raciales prohibían los matrimonio mixtos.

—Es un hombre muy educado —añadió Miep—. No causará problemas.

La llegada del doctor Fritz Pfeffer al escondite se hizo con el misterio de las películas de espías. El 17 de noviembre Miep fue temprano a su consulta y le dijo: "Doctor, a las once en punto, frente a la oficina de correos. Sin equipaje. No puede despedirse de Charlotte". Y allí se presentó él, puntual, elegante, con gabardina y sombrero, y en la mano su maletín de dentista. En seguida se le acercó un hombre (era Kleiman), que le dijo al pasar: "Vaya a la calle Prinsengracht 263, fábrica Opekta". Como los judíos no podían viajar en tranvía, Pfeffer fue andando. Caminaba triste porque no se había despedido de su novia y tenía tanto miedo que a cada paso esperaba oír a su espalda el grito de: *"Alt!"*, al tiempo que dos violentos policías de la Gestapo lo encañonaban y lo detenían.

Cuando Pfeffer llegó a la fábrica, Miep lo recibió en la oficina, le quitó el abrigo con cuidado de que no se le viese la estrella amarilla del pecho y, como si fuese un cliente, lo pasó al despacho del señor Kleiman, que había venido en tranvía. A la hora del almuerzo Miep lo pasó a la Casa de atrás y el fugitivo no dejó de sorprenderse de la ingeniosa librería giratoria de la entrada, del escondite, de ver a la familia van Pels, a la que suponía en un campo de trabajo en Alemania, y, sobre todo, de encontrar a la familia Frank al completo.

—¿Fracasó la fuga? —preguntó a Otto—. Yo les creía en Suiza.

Fritz se quitó el sombrero y se derrumbó en un sillón. Margot puso la mesa. Edith cocía las patatas con coliflor, Hermann fumaba y Auguste se las arreglaba para no colaborar en nada. Ana reconocía que la madre de Peter era ordenada y alegre, pero le caía muy mal. Así se lo confesó a Kitty: "Es una mujer insufrible, vanidosa y metomentodo", y le explicaba por qué: quería leer su diario, se negaba a fregar las ollas, se lamentaba de no haber traído al escondite su vajilla de porcelana, daba lecciones a todo el mundo y ¡hasta coqueteaba con Pim!

Durante la comida, Auguste se metió con Ana, "la sabihonda", como la etiquetaba a menudo.

—¿No comes coliflor?

—No me gusta —respondió Ana.

—Estás muy mal educada. Mi Peter come de todo.

Por discreción Edith calló, y Otto le guiñó un ojo a Ana como para decirle que no hiciera caso. Pero Ana no se callaba así como así.

—¿Y usted por qué no se mete en sus asuntos?

—Ana... —la reprendió su madre.

—Si fueras mi hija —respondió Auguste muy sofocada—, ya te enseñaría yo educación.

—Pero no lo soy. ¿Y usted por qué no come coliflor?

—Porque me da ventosidades.

Todos se echaron a reír. Otto informó al doctor Pfeffer de las normas y horarios que regían en la casa. Compartiría el cuarto de Ana. Margot se trasladaba a la habitación de sus padres, donde le habían dispuesto una cama plegable.

Aturdido por el miedo y los sucesos de la mañana, el doctor Pfeffer comió sin demasiado apetito y, aunque no tenía ganas de hablar, contestó al interrogatorio de Hermann sobre las personas conocidas.

—La caza de judíos no cesa —dijo—. La policía registra casas y sótanos, paga a los delatores, fusila rehenes, se lleva en camiones militares a todos, ancianos y bebés, enfermos, embarazadas... Dicen que hay unos 25 000 judíos escondidos. También los holandeses cristianos tienen miedo. Todo el mundo tiene miedo.

Edith y Auguste rompieron a llorar y se hizo un pesado silencio mientras tomaban la manzana del postre. Luego Margot y Ana bajaron al cuarto para hacer la cama de Pfeffer. A Ana no le hacía ninguna gracia compartir el cuarto con el recién llegado.

—Siempre me toca a mí ceder —dijo.

—No me voy a quedar yo con él, que tengo dieciséis años —le contestó Margot, mientras recogía sus cosas.

Luego Ana se sentó ante el escritorio, abrió el diario y le confesó a Kitty sus impresiones sobre el doctor Pfeffer. "Será incómodo vivir con un señor mayor en un cuarto tan pequeño, pero no debo quejarme". Como repetía Pim, era afortunada: estaba viva, con su familia, dormía entre sábanas y no le faltaban comida ni libros. En esto entró Pfeffer, y pareció no verla. Se sentó en la cama, suspiró y fijó la vista en la pared, mirando sin ver las fotos de las artistas. Luego volvió en sí, abrió el maletín de instrumental médico y sacó la foto de su novia. La miró unos instantes y la colocó sobre la mesita encajada entre las dos camas.

—Es muy guapa —le dijo Ana—. Y mucho más joven que usted —él rompió a sollozar—. Como no es judía —añadió—, no corre peligro.

—No sabe nada de mi desaparición. Creerá que me ha detenido la Gestapo.

Ana cerró el cuaderno y se tumbó en la cama a estudiar francés. Hizo grandes esfuerzos para estar callada, hasta que a las seis acabó "el toque de queda",* y comenzó en la casa el trajín de todas las tardes, empezando por vaciar orinales.

Los sábados y domingos los ocho escondidos se turnaban para bañarse sin prisas en una tina* redonda que hacía las veces de bañera. Mal que bien Margot lograba encajar medio cuerpo dentro del barreño porque sus piernas eran largas y pesaba sesenta kilos. Ana, en cambio, era más baja, pesaba cuarenta y tres y podía sentarse con las piernas cruzadas. Había ganado ocho kilos desde que estaba en el escondite, dos por mes de encierro, resultado de la inmovilidad forzosa y de comer tanta mermelada y tanta patata. El baño caliente era para ella el momento más placentero de la semana. Cerraba la puerta para que nadie la molestase, se metía a remojo en la tina hasta la cintura, se enjabonaba con esmero, se lavaba el pelo con champú —si había, y si no con un jabón pegajoso—, y a veces abría un libro y se enfrascaba en la lectura hasta que el agua se enfriaba. Cuanto más leía, más ganas tenía de escribir historias. Lo tenía claro: de mayor no sería como su madre, que solo sabía coser y cocinar, ella sería escritora, escribiría novelas, cuentos para niños, obras de teatro. Mientras se secaba, examinaba su cuerpo y se contemplaba en el espejo. "Ana, te estás haciendo mujer". Además, los indicios de que pronto le vendría la menstruación eran indudables. Entonces, ¿qué se pondría? Porque no se conseguían compresas tan fácilmente. Luego de secarse se ponía ropa limpia y ensayaba diversos peinados ante el espejo. No hacía mucho le había preguntado a Margot si le parecía guapa.

—Tienes unos ojos bonitos —le contestó su hermana—. Y un aire gracioso.

Una respuesta diplomática. "No soy guapa", pensó. "No me extraña que Peter no me dedique ni una mirada curiosa". Peter ha-

bía cumplido dieciséis años y debía considerarla una cría. Todo el mundo era injusto con ella, porque tenía los mismos deberes que los adultos —fregaba el lavabo y el retrete, recogía la mesa…— y, sin embargo, la trataban como a una niña pequeña y malcriada.

La vida en la Casa de atrás era rutinaria. Las horas matinales se llenaban con el estudio, la lectura y pequeñas tareas. Todo en silencio, o con un suave cuchicheo, y sin moverse, o de puntillas y sin zapatos. Las madres cosían, planchaban, pelaban patatas, charlaban bajito, leían. Hermann se entretenía con algún trabajo y revisaba las especias para salsas en polvo. Margot, que quería ser maestra, estudiaba asignaturas de bachillerato y latín, cuyos ejercicios se llevaba el señor Kleiman para que los corrigiera un profesor amigo suyo. Otto daba clases de inglés a Peter y de matemáticas a Ana. Ana dominaba el alemán, el holandés y el inglés, y ahora estudiaba francés, hacía ejercicios de taquigrafía y leía libros de mitología griega y de otros temas que, como le servían para ocupar la mañana, los llamaba "matarratos". Tres o cuatro días a la semana recibía de su padre clase de matemáticas.

Hacia las siete, Otto, Hermann y a menudo Edith y Auguste, bajaban a escuchar las noticias de la BBC. En otoño de 1942, la emi-

sora británica difundió la noticia de que el ministro de Asuntos Exteriores, Anthony Eden, había denunciado en el Parlamento que los judíos estaban siendo masacrados en Auschwitz, Mauthausen y Treblinka. Ya no eran campos de trabajo, sino de exterminio.[22] Nunca en la historia de la humanidad se había procedido a un genocidio* tan sistemático. Centenares de miles de hombres, mujeres y niños llegaban a los campos de concentración hacinados* en vagones de mercancías, peor que si fueran animales. Los guardias los conducían a los barracones en grupos de veinte o treinta, y, con el engaño de que debían ducharse para quitarse los piojos, los obligaban a desnudarse y a pasar a una cámara con tuberías en el techo. Instantes después, de los tubos salía gas Zyklon B, un pesticida que producía la muerte por paro cardiaco tras dolorosas convulsiones. Un comando de prisioneros sacaba los cadáveres y los llevaba a los hornos crematorios. Las chimeneas no paraban de expulsar humo negro día y noche.

En las semanas finales de 1942, sin embargo, la radio también difundió noticias esperanzadoras. El general inglés Montgomery había derrotado a los alemanes en el norte de África, y el ejército ruso lograba envolver al ejército alemán que sitiaba la ciudad rusa de Stalingrado.

También Ana bajaba de vez en cuando a escuchar las noticias, pero se interesaba más por la familia real holandesa, que se había refugiado en Inglaterra al principio de la guerra. La reina Juliana y el príncipe Bernardo esperaban para enero el tercer hijo. ¿Sería otra niña? Ya tenían dos, Beatriz e Irene. Ana admiraba al príncipe, porque además de guapo era un héroe. Pilotaba un avión inglés de guerra y ya había derribado dos cazas alemanes.

Pero otros días Ana prefería reunirse a solas con Peter en el desván. Como la Casa de atrás era más alta que la de delante, podían contemplar a través de la ventana las luces dispersas de la ciudad y alguna que otra barca con su farol encendido que pasaba por el canal. En ocasiones se sentaban hombro con hombro sobre un arcón, junto al montón de latas de espinacas y mermeladas, y los dos sacos de alubias.

—Me habría gustado ir hoy en bici por el parque y ver las hojas doradas del otoño.

Pero a Peter el lirismo otoñal de Ana no le interesaba gran cosa. El gato venía silencioso a colocarse sobre sus piernas.

—Yo aquí me siento un inútil —dijo Peter.

Peter no era muy hablador, pero la escuchaba con la misma paciencia que Kitty, aunque a "su amiga del alma" Ana le contaba con toda crudeza que se sentía incomprendida, que a veces odiaba a su madre, que estaba harta de que le pusieran de ejemplo a Margot, harta también de Pfeffer, que roncaba y se demoraba en el retrete, harta de las continuas peloteras de los van Pels, harta de la guerra, harta de que los judíos no pudieran ser personas normales con todos los derechos, condenados históricamente a vivir aislados, perseguidos, asesinados...

—¿Sabes qué, Peter? —le dijo—. Ya no me pareces tan soseras como el primer día.

—Aquí todos cambiamos.

Y así era. ¡Quién podía imaginar que la Ana charlatana y "puro nervio" de hace cinco meses era ahora capaz de estar callada y quieta horas y horas!

—Yo también he cambiado —le dijo Ana.

—Sí, ya no eres la chica cuacuacuá —dijo Peter, con una sonrisita burlona.

—¡Bobo! Pues sí. Obedezco sin rechistar, ayudo, barro, limpio el aseo, pelo patatas, le corto el pelo a papá, estudio toda la mañana, soy buenísima y cierro el pico. Soy un modelo de sensatez.

—Guárdate algo para después de la guerra —dijo él, sonriendo con guasa.

—Todo el mundo me ve como una niña maleducada, descarada y egoísta. Nadie sabe cómo soy por dentro. Soñadora, sentimental, sensible. Nadie sabe que a veces, en la cama, me trago las lágrimas para no despertar a Pfeffer, que cada vez es más impertinente conmigo. ¿Tú cómo me ves, Peter?

Mouschi, el gato, se puso de pie y se desperezó. Peter le acarició el lomo, y sin mirar a Ana, le dijo:

—Tienes una sonrisa muy atractiva.

—¿De verdad?

Así pasaban un buen rato muchas tardes, conversando hasta la hora de cenar. Después comenzaba el ajetreo de todas las noches. Los van Pels apartaban las sillas y desplegaban la cama junto a la ventana. Abajo Ana se ponía el camisón en el aseo, se lavaba los dientes, se rizaba el pelo y se aclaraba la pelusilla del bigote con agua oxigenada. Luego leía un rato. Hacia las diez y media entraba Pfeffer en pijama y removía cosas, masticaba una galleta, se colocaba una kipá negra —el casquete o gorro que usan los judíos en los actos religiosos—, y de pie, en dirección a Jerusalén, balanceándose sobre los talones y las puntas de los pies, hacía sus rezos con mucha devoción. Ana, vuelta hacia la pared, se hacía la dormida.

1943

—¡En tres meses no quedará ni un solo judío en los Países Bajos! —anunció el comisario general de las SS Hanns Rauter en una reunión de dirigentes de esta organización paramilitar.

El miércoles 24 de marzo, unos días después de que Rauter hubiera lanzado esta amenaza, la familia Frank se encontraba en la habitación, cuando oyó ruidos en el almacén. Los cuatro se asustaron. ¿Era la Gestapo, que entraba a detenerlos? En esto se abrió la puerta y apareció Peter, y detrás su madre y Pfeffer, que estaba pálido como un cadáver.

—¡Ya vienen! —dijo Auguste, ahogándose.

Los tres subían azorados del despacho, donde habían estado escuchando Radio Orange. De pronto, un ruido estrepitoso, como de un barril volcado, los dejó sin aliento.

—Papá, ¿qué pasa? —susurró Ana.

—Vamos, todos arriba —ordenó Otto en voz baja—. Rápido. Quitaos los zapatos.

Descalzos, las mujeres y Pfeffer subieron la empinada escalera, tan asustados que el crujido de los viejos peldaños les parecía un grito que los delataba. Arriba, en la sala-cocina, Hermann, que estaba tumbado en la cama plegable, se quedó atónito al verlos asomar con el espanto pintado en la cara.

—Están abajo —dijo su mujer, desencajada.

Hermann empezó a toser fuerte. Pfeffer le dio una dosis de codeína para aplacarle la tos. Auguste apagó la luz y encendió una vela, con lo que la penumbra abultaba formas que parecían dar cuerpo a la angustia. El carillón de la iglesia sacudió los corazones al dar las campanadas de las siete y media.

Entretanto, Otto y Peter, con un martillo en la mano, se aposta-
ron detrás de la puerta giratoria. Oían el rumor apagado de la radio. Esperaron unos minutos. Silencio. ¿Se habrían ido los policías? Otto fue al despacho para apagar la radio, volvió, cerró la
puerta e hizo una señal a Peter para que le siguiera escaleras arriba.

—Ha debido de ser un ladrón —dijo Otto a los demás—. Es arriesgado robar a estas horas, así que es posible que vuelva más tarde.

Había que esperar, quietos, en silencio. Dos horas después, a
eso de las diez, se dio por pasado el peligro, encendieron la luz, bajaron a toda prisa al retrete e hicieron cola para entrar.

Los encerrados en la Casa de atrás no se acostumbraban a los
ruidos a deshora. Aquellos días se sobresaltaban con facilidad. De
noche se desvelaban por el aullido de las sirenas, los combates aé-

reos, los bombardeos de la aviación inglesa y el tableteo de las ametralladoras. Un mes después del robo, el 27 de abril, un avión inglés cargado con bombas incendiarias cayó a las tres de la madrugada sobre el hotel Carlton, donde se alojaba la plana mayor del ejército alemán. Las llamas devoraron el lujoso edificio y muchas casas contiguas. Otra noche una bomba cayó muy cerca, y los cristales retemblaron con tan gran estrépito que los ocho escondidos creían que la casa se venía abajo. Ana saltó despavorida de la cama para correr a refugiarse en la de sus padres.

El anuncio del comisario general Hanns Rauter de no dejar un judío en Holanda no era una amenaza sin fundamento. Ya habían enviado a los campos alemanes y polacos a 46 455 judíos en 52 trenes. En los primeros meses de 1943 partía un tren cada semana, atestado de hombres, mujeres y niños. A casi todos les esperaba la muerte. En los últimos meses la Resistencia holandesa había redoblado su actividad en todo el país, hacía sabotajes, colaboraba con los espías ingleses, escondía a los judíos y boicoteaba a las autoridades alemanas. Un comando incendió el Registro civil y otro comando mató a un general de la Gestapo. Los nazis reaccionaban con extrema crueldad. Declararon el estado de sitio, restringieron los cupones de mantequilla y endurecieron las represalias. Deportaron a miles de personas para trabajar como esclavos en fábricas de Alemania y por cada atentado o soldado alemán muerto los nazis fusilaban a decenas de rehenes.

También en el escondite la situación había empeorado. Algunos suministros escaseaban. No había café para desayunar, ni pan para cenar, y las comidas de mediodía no variaban: alubias pintas o sopa de guisantes, y patatas, patatas, patatas... Durante el invierno no habían faltado las coles, acelgas y otras verduras, pero ahora las espinacas y las zanahorias se tenían como un regalo caído del cielo. Las albóndigas de harina caían como piedras en el estómago, pero saciaban. Un día a la semana había morcilla de hígado, ¡todo un manjar! Era menester ahorrar luz, racionar el jabón en polvo de la colada y cuidar la ropa, que estaba muy gastada. Pero no era cosa de quejarse. ¡Cuántos judíos estarían escondidos en cuevas, sótanos y agujeros, pasando frío y hambre! ¡Cuántos miles, quizás millones, habían sido gaseados! Ana no olvidaba el lema animoso de su padre: "Somos afortunados". No debía quejarse por nada. ¿Que la casa estaba infestada de pulgas? Pues a rascarse. Todos hacían contorsiones para arañarse la nuca, la espalda, las piernas. "Nos viene bien esta gimnasia", escribió Ana en su diario, "porque estamos entumecidos y medio baldados". ¡Era una verdadera lástima que Mouschi, que había ahuyentado los ratones, no fuera cazador de pulgas!

Los empleados ayudaban como podían a los encerrados. Victor Kugler lograba vender productos de estraperlo* para obtener dinero. Miep traía bolsas de comida en la cesta de la bici, llevaba cartas de Pfeffer a su novia, los sábados sacaba de una biblioteca pública cinco libros para Ana y Margot. Jan, su marido, conseguía muchas cosas para la casa en el mercado negro. Se hizo con una buena cantidad de carne y Hermann, recordando sus tiempos de charcutero, se colocó el delantal de su mujer e hizo longanizas y salchichón. Luego colocó las sartas a secar colgadas de un palo, como estalactitas. Mouschi las miraba y maullaba rabo en alto.

Un día Ana reclamó la atención de todos durante la comida.

—Supongamos —dijo— que esta tarde salimos del escondite. Se acabó la guerra. Somos libres. A ver, que cada uno exprese un deseo.

Como todos se quedaron boquiabiertos y pensativos, ella adelantó su respuesta.

—Yo iría al colegio. Deseo andar, bailar, ir en bici. Echo de menos a Morito. ¿Tú qué harías, Pim?

—Iría a ver al señor Voskuijl.

—¿Y tú, Margot?

Margot quería ser enfermera y visitar un día Palestina, pero no se decidió por un deseo inmediato.

—Yo iría a la pastelería —dijo Auguste.

—Yo —dijo su marido— me metería en la bañera de casa, en agua caliente, fumando.

Pfeffer solo deseaba estar con su novia Charlotte. A Edith le gustaría ir a algún sitio a tomar café.

—¿Y tú, Peter? —preguntó Ana—. ¿Cuál es tu deseo?

—Ir al cine.

La primavera tarda en llegar a Ámsterdam, y en el escondite tampoco había nada que la anunciara. Los días se sucedían invariables, aunque de vez en cuando algún suceso rompía la monotonía de la vida clandestina. Nadie se quedaba sin su "fiesta" de cumpleaños y un detallito de regalo.

Pfeffer ejerció de vez en cuando su oficio de dentista. A Ana le saneó un nervio. Lo de Auguste fue como una divertida película

de Charlot. Rodeada de todos, se sentó en la silla bastante nerviosa, pero contenta de ser la protagonista. "¿No me harás daño, verdad?", preguntó a Pfeffer. Fue tocarle la caries y lanzó un gruñido desgarrador, agitó los brazos y pataleó con tal agitación que se quedó con el instrumento en la boca.

A mediados de junio Johan Voskuijl, padre de Bep y jefe del almacén, el que había hecho la puerta giratoria, ingresó en el hospital para una operación de estómago, pero en el quirófano los cirujanos vieron que tenía un cáncer incurable y lo enviaron a casa. En su lugar se contrató a un nuevo empleado. Se llamaba Willem van Maaren. ¿Sería de fiar?

—Hay que extremar la prudencia —advirtió Kugler a los encerrados.

En julio entraron otra vez los ladrones. Se llevaron una caja con cuarenta florines, talonarios en blanco y cupones de azúcar para 150 kilos. Pero, por suerte, esta vez nadie los oyó. Fue Kugler quien dio la noticia a la mañana siguiente.

—No hay que extrañarse —dijo—. Hay muchas bandas de ladrones en la ciudad.

A punto de cumplir un año de encierro, todos se habían graduado en lo que Edith llamaba "el arte de vivir", expresión que encantó a Ana. En el diario anotó con detalle la rutina "artística" de todos los días. En la mesa, siempre igual. Margot come como un pajarito, solo fruta y verdura, y calla. Hermann, en cambio, tiene buen apetito, y disfruta llevando la contraria. Pfeffer se sirve raciones enormes y come mecánicamente. Auguste, "la terremoto", según Ana, escoge la patata más pequeña, el bocado más sabroso, da consejos, reparte conversación y sonrisas coquetas. Peter calla y come como una lima. "Me zamparía otro tanto", dice al terminar. Otto está pendiente de todo y pone paz cuando surge alguna agria disputa.

Los ocho habitantes de la Casa de atrás se sentían unidos porque compartían el miedo y la misma suerte, pero la estrechez del refugio, la falta de intimidad y el año de encierro hacían difícil la convivencia. Cualquier contrariedad era causa de malhumor o irritación. Los van Pels discutían mucho.

—No puedes encargar a Miep una crema para tu cara —decía Hermann a su mujer—. ¡Se nos acaba el dinero!

—¿Y tú puedes gastar dinero en tabaco? —contestaba Auguste.

—¡Fumar es una necesidad!

—¡Serás capaz de venderme el abrigo de pieles para comprarte pitillos!

Los roces y enfados de unos con otros eran continuos. El educado señor Pfeffer se había vuelto gruñón y un egoísta de tomo y lomo. Por su cumpleaños, Miep le trajo un paquete con comida que le había entregado Charlotte, pero apenas la compartió. En el armario del cuarto guardó queso, y de vez en cuando lo roía a escondidas, como un ratón que tiene su despensa particular. ¡El ratonazo Pfeffer! Pero lo que más sulfuraba a Ana era que se había adueñado del escritorio.

—Lo necesito, Ana —le decía—. Anda, levántate.

—Estoy estudiando, señor Pfeffer.

—Usa la mesa de arriba —le ordenaba.

—Allí no puedo concentrarme.

—¿En qué? ¿En estudiar mitología, esa bobada? Con tal de salirte con la tuya, los demás que revienten. ¡En mi vida he visto una niñata igual!

Ana contuvo la rabia y las ganas de sacudirle una patada en la espinilla, pero por la noche acudió a su padre para que le parara los pies. Otto convino con Pfeffer que Ana usaría la mesa los martes y jueves por la tarde, pero a ella le pareció un acuerdo pésimo.

—No es justo, papá.

—Ana, aquí dentro todos tenemos que ceder en algo.

Kitty le resultaba cada vez más necesaria. Ana no solo anotaba en el diario los sucesos cotidianos en el escondite, sino sus sueños, sus coqueteos con Peter, sus rabietas, el recuerdo de sus amigas (¿qué sería de Hello, su "novio"?), sus mudables estados de ánimo, los cambios de su cuerpo. Había tenido ya tres veces la menstruación, y a pesar del dolor y las molestias, se alegraba de "sentirse mu-

jer". La adolescencia es una etapa confusa y cambiante, y Ana tan pronto afirmaba su personalidad acentuando su rebeldía y su sentido crítico, como se sentía frágil e insegura. ¡Nadie la entendía! ¡La de lágrimas que se tragaba en la cama, de noche! "Soy una sentimental. Y una insensata, también lo sé. ¡Ay de mí!". Kitty era la confidente perfecta, pero… muda. Y entonces, Ana buscaba calmar su desazón con Peter. Frecuentaba su cuarto, lo ayudaba a hacer crucigramas y subía con él al desván a mirar por la ventana, a sentarse juntos, a comentarle sus preocupaciones y revelarle sus secretos.

—¿Sabes, Peter? Mi padre besa a mi madre como nos besa a Margot y a mí. La respeta y la quiere, pero yo creo que se casó con ella porque era una esposa apropiada, tenía buen carácter, era sumisa y hacendosa. Y mi madre aceptó su papel. ¡Yo no quiero parecerme a ella! ¡Yo no quiero un matrimonio así!

Peter sonrió y la miró de una manera especial. Entre ellos había ahora un invisible imán que los atraía, una atracción que se manifestaba en miradas furtivas durante las comidas, en acuerdos tácitos, en ligeros roces, en sensaciones compartidas de sentirse solos, aburridos a ratos, inseguros, incomprendidos. Esa secreta compenetración les hizo celebrar con alegría íntima la "fiesta de las luces", la *Janucá*.[23] Alrededor de la mesa, antes de cenar, encendieron ocho velas, hicieron la plegaria y cantaron una divertida canción.

> *Januca, hu jag tov.*
> *¡Sevivon, sov, sov, sov!*
>
> (Janucá es una gran fiesta.
> ¡Gira, gira, gira, peonza!)

Días después, por Navidad, Bep trajo medio kilo de galletas de "las de antes de la guerra", muy sabrosas; Peter, Margot y Ana recibieron un tarro de yogur, y los mayores una botellita de cerveza cada uno. Miep vino con una tarta que llevaba esta inscripción "Paz 1944". Los ocho encerrados estaban muy agradecidos a sus protectores y brindaron con ellos con los mejores deseos para el año nuevo.

—¡Por el fin de la guerra! ¡Por la libertad!

¡Oh, Peter!

—¿Voy contigo, Peter?

—Si no tienes miedo…

Ana bajó tras él. En el almacén de la fábrica los bultos le parecieron sospechosos pero los ruidos dispersos de la calle la emocionaron. ¡Qué cerca estaba la libertad! En esto Mouschi, que estaba sobre un tonel, el rabo en alto como una bandera, los llamó con maullidos mimosos. Peter dejó en el suelo el saco de patatas que iba a cargar a la espalda, se acercó al gato y le acarició el lomo.

—Seguimos sin saber de qué sexo es —dijo Ana.

—Es macho.

—¿Los machos paren?

Peter sonrió, como diciendo "qué bobada". Y es que días antes los dos le habían notado la barriga muy hinchada. Era porque se había zampado muchos huesecillos.

—Mira —dijo Peter, sujetando al animal por el cuello y alzándolo en el aire para que Ana viera el área genital—. Está castrado.

—¿Viste cómo lo hicieron?

—Lo anestesiaron antes.

—¿Le quitaron algo?

—No. El veterinario le cortó los conductos deferentes. Los que van a los testículos.

—¡Ah!

Ana se sorprendió de que el tímido de Peter hablara de esas cosas con naturalidad. En casa le habían informado de la menstruación, pero casi todo lo que sabía sobre el sexo lo había aprendido en un librito didáctico y de sus amigas del colegio. Ellas le habían enseñado entre susurros y bromas las palabras que en casa no se decían, o se decían de forma misteriosa. Vulva, vagina, pene, coito… Jacque, la guapa de la clase, le había hablado del himen y del nacimiento de los hijos: "El producto acabado sale por donde entra la materia prima". Ana tenía entonces doce años. Por sí sola había supuesto cómo copulaban el hombre y la mujer, y cuando Jacque se lo confirmó, se sintió orgullosa de su intuición. ¿Y Peter? Seguro que no tenía ni idea del aparato genital femenino. "Desde luego", pensó Ana, "la parte de abajo de los hombres es menos complicada que la de las mujeres".

A primeros de 1944 Ana convalecía de una gripe que le había causado fiebre, malestar y ataques de tos tan fuertes que tenía que meter la cabeza entre las sábanas para que no la oyeran en el piso de abajo. Le dieron de todo: leche con miel, pastillas, limón exprimido, la hicieron sudar, le pusieron paños húmedos para la fiebre… Pero lo peor fue que el doctor Pfeffer la auscultaba y veía su pecho desnudo. ¡Qué vergüenza! A veces se levantaba de la cama para mirar por la rendija de la cortina el encapotado cielo invernal. Llovía y hacía frío. En su diario escribió que había caído en "una profunda aflicción". Llevaba año y medio encerrada, y siempre era lo mismo: la quietud, las disputas, el aullido de las sirenas, las bombas, el miedo, los mismos temas de conversación en la mesa (la guerra y la comida, la comida y la guerra…). ¿Por qué los judíos tenían que sufrir tanto? ¿Por qué todo el mundo callaba ante las matanzas que hacían los nazis? Ana nunca había observado los preceptos religiosos, pero ahora leía la Biblia con fervor y quería confiar en Dios. Dios no podía permitir tanta desgracia y debía liberar a las víctimas de una guerra atroz. "Ana", se decía, "no puedes caer en la desesperación. Volverás a pasear libre por las calles de Ámsterdam, verás a tus amigas, irás en bici, a patinar y a tomar un helado…". Y escribió en su diario: "Amo a Holanda, es mi patria, el hermoso país que me ha acogido".

Ana Frank se veía muy distinta a la que había llegado a la Casa de atrás. "Has crecido siete centímetros en un año", se decía, "tu cuerpo ha cambiado y te sorprendes al contemplarlo desnuda en el espejo". También su carácter había cambiado. Era menos impulsi-

va y respondona, más comprensiva con los van Pels, encontraba a Margot menos arisca, intentaba no ser tan insolente con su madre. La lectura de un artículo sobre la adolescencia titulado "Por qué nos sonrojamos" le abrió los ojos. En la pubertad las chicas tienen pensamientos propios, nuevas sensaciones corporales, necesidad de ser independientes, están confusas, son inseguras, sentimentales… Así era ella. Pero también había cambiado porque Peter… la traía a mal traer. Mejor dicho, "a buen traer". Subía a su cuarto con cualquier excusa, le sonsacaba confidencias, le sonreía por nada, casi le rozaba la cara mientras hacía con él los ejercicios de inglés.

–Peter, quiero ayudarte para que no te sientas aislado.

–¡Pero si ya me ayudas!

–¿Cómo?

–¡Con tu alegría!

¿No era un cielo? Pensaba mucho en Peter. Soñaba con él. Estaban los dos en un jardín, leyendo un libro, abrazados, mejilla con mejilla, sus ojos de color pardo aterciopelado la miraban, y le sonreían… ¡Y le daba un beso! A veces, sin embargo, el sueño acababa de modo brusco y agobiante. Peter se enfurruñaba y le decía: "¡Deja de coquetear conmigo, Ana!".

Además de contarle todo a su "querida Kitty", Ana hablaba mucho consigo misma. "¿Qué te pasa, chica? No te quitas a Peter de la cabeza. No puedes disimular tu alegría al verlo, le sonríes, lo miras de un modo especial. Hablas imaginariamente con él: 'Me gustaría estar tumbada a tu lado y apoyar mi cabeza en tu pecho. Yo creo que tú también necesitas cariño y ternura. Si no, ¿por qué juegas tanto con Mouschi? Vales más de lo que tú te crees, Peter. Tienes que sacudirte ese complejo de inferioridad. Pero, ¿yo te importo? ¿Llegaré algún día a tu corazón? ¡Ay, Peter, Peter! ¡Si pudieras ver mi dicha interior…!'". Ana lo tenía claro: ¡estaba enamorada!

La relación entre Ana y Peter no pasaba inadvertida para nadie. Durante las comidas les gastaban bromas. ¿Tenemos aquí dos tortolitos? ¿Habéis pensado en casaros?, les decían. Un día Auguste van Pels preguntó a Edith con tonillo malicioso:

–¿No crees, querida, que la parejita está demasiado tiempo junta, a solas?

Quería decir: ¿No tienes miedo de que le pase algo a tu niña? ¿No deberías preocuparte más por ella? Y en efecto, Edith entró en el cuarto de Ana, cerró la puerta, se sentó en la cama de Pfeffer y, con el mayor tacto que pudo, le hizo unas cuantas advertencias. Pero Ana no se las tomó nada bien.

—Mamá, ¿no confías en mí?

Edith salió disgustada de aquel encuentro. Al principio el rechazo de Ana a su madre tenía que ver quizá con los celos, porque se sentía menos querida que Margot. Entonces lo había compensado encariñándose con su padre hasta idealizarlo. Pero la rivalidad con su hermana se había atenuado en casi dos años de encierro porque ellas lo habían compartido todo: lecturas, miedos, rutinas... En ocasiones Ana consideraba a Margot una amiga, pero ni a ella ni a su padre les abría el corazón. "A papá siempre le he ocultado mis emociones y nunca le he hecho partícipe de mis ideales". Ahora ella tenía su propia "filosofía" de la vida. Por ejemplo, su madre tenía una idea anticuada del amor. Lo relacionaba con el honor. Para Ana, en cambio, el amor era compartir el cariño, la dicha y la desdicha con la persona querida, tenerla al lado siempre, dárselo todo y recibirlo todo de ella, y el amor físico formaba parte de esa relación, con independencia de estar casada o no, de tener un hijo o no.

Al llegar a la fábrica el día 1 de marzo, Victor Kugler encontró abierta la puerta principal, pero la cerradura no había sido forzada. En la oficina vio los archivos revueltos y en su despacho echó de menos un maletín y un proyector. ¿Tenía el ladrón una llave? Sus sospechas recayeron en Willem Maaren, el mozo de almacén que meses antes había sustituido a Voskuijl. Era un hombre astuto, de pasado oscuro, que robaba productos de la fábrica y a quien más de una vez había sorprendido merodeando en la oficina a la hora del almuerzo. Si Maaren ataba cabos, tenía motivos para desconfiar: ¿de quién era la Casa de atrás?, ¿por qué Miep traía bolsas de comida?, ¿para quiénes eran las barras de pan que dejaba el panadero cada mañana? Kugler redobló su advertencia a los encerrados:

—No sé si Maaren es de fiar. No descuidéis las medidas de seguridad. Un error y...

Las noticias que los protectores traían a los refugiados eran terribles. La amenaza nazi de un Ámsterdam libre de judíos estaba a punto de cumplirse. Por cada judío capturado, la Gestapo pagaba 25 florines al denunciante.

Unas semanas después, el domingo 11 de abril, a eso de las nueve y media de la noche, se oyeron ruidos en el almacén. Otto, Hermann y Peter bajaron cautelosamente y, al descubrir a los intrusos, Hermann gritó:

—¡Alto, policía!

Los ladrones huyeron por el hueco que habían hecho al arrancar un tablón de la puerta. Instantes después un hombre y una mujer se asomaron al boquete con una linterna y los enfocaron. "Nos han visto. Vamos, de prisa". Subieron los tres al refugio y cerraron la puerta giratoria. Ya dentro se tranquilizaron.

Seguramente el hombre y la mujer viven cerca y vieron salir a los ladrones.

–Sí, pero ¿y si avisan a la policía? –preguntó Otto–. No podemos descuidarnos.

Encendieron la luz y colocaron un trapo sobre la pantalla de la lámpara, con lo que la penumbra parecía ampliar los ruidos lejanos y sumirlos en una burbuja de miedo. Los ocho estuvieron callados y sin moverse más de una hora. Y, en efecto, a las once se oyeron pasos abajo, en las oficinas, en el descansillo, junto a la puerta giratoria. Fue un instante interminable, hasta que las temibles pisadas se alejaron. ¿Había pasado el peligro?

Otto Frank hizo gestos de que nadie se moviese.

–Los policías se han ido –dijo en voz baja–. Pero pueden haber dejado un vigilante a la puerta de la calle por si vuelven los ladrones. Tenemos que quedarnos aquí toda la noche.

La angustia de los escondidos aumentó. Los nervios les habían revuelto las tripas, pero no podían usar el retrete. Peter trajo de su cuarto la papelera, y el primero en hacer sus necesidades fue su padre. Luego, los demás, uno tras otro. A Edith le daba vergüenza, y

se resistió hasta que no pudo más. La papelera quedó a rebosar, y su hedor* era insoportable. La apartaron a un rincón y la taparon con paños de cocina para evitar el mal olor.

–Tenemos que dormir aquí –dijo Otto–. En el suelo.

Se tumbaron y se taparon con mantas y abrigos. Ana se ovilló entre las patas de la mesa. Fue una noche muy larga. Por la mañana, temprano, telefonearon a Kleiman, que no tardó en venir. Era lunes de Pascua, día festivo. Más tarde vinieron Miep y Jan, que fueron recibidos con mucha alegría.

En aquellos días de primavera de 1944 la radio daba noticias esperanzadoras. Los rusos derrotaban a los ejércitos alemanes, los ejércitos aliados avanzaban hacia Roma, miles de aviones ingleses y norteamericanos bombardeaban fábricas, refinerías y ferrocarriles enemigos, en Holanda se creía inminente la invasión que había de liberarlos. "Llevamos un año de victorias ininterrumpidas en todos los frentes de guerra", había dicho Winston Churchill. "Intensificaremos la ofensiva aérea para preparar el desembarco…".[24]

Por la rendija de la cortina o desde la ventana del desván Ana veía el cielo azul, la luz de abril, tal vez soplaba una brisa agrada-

ble… y se le encendía el deseo de… ¿de qué? ¡De todo! "Querida Kitty, creo que la primavera se despierta dentro de mí, está en
mí, la siento en cuerpo y alma", escribió en su diario. Pero se sentía atrapada en aquella ratonera, tan sola y tan necesitada de dicha,
que necesitaba ver a Peter, y se sentaba con él en el diván para hablar, cada vez más cerca el uno del otro. Un día reposó la cabeza
en su pecho y él la estrechó en sus brazos, y le acarició el pelo y la
mejilla con su mano torpe, y así estuvieron un buen rato. Y cuando
ella se separó para bajar, él le dio un beso, entre la mejilla y la ore-
ja. "¡No puedo explicarte mi dicha!", le confesó a Kitty aquella noche, llena de entusiasmo y de inquietud. Pero, ¿debía avergonzarse?
¿Por qué ella y Peter no podían besarse si se querían? ¿Tenía que
pedir permiso? Durante el día Ana se aferraba a la rutina sin gran
zozobra,* pero por la tarde se inquietaba, ardía en deseos de estar con Peter. El viernes 28 de abril estuvo con él abrazada en el diván, como de costumbre, y antes de despedirse, ella se levantó y fue
a la ventana, y él se acercó, y entonces ella le echó los brazos al cuello y le dio un beso en la mejilla izquierda, y al querer hacer lo mis-

mo en la derecha, su boca tropezó con la de él, y se dieron un beso en los labios y se apretaron uno contra el otro un buen rato. Luego de separarse Ana bajó los catorce escalones hecha un flan. "¡Ay, Peter, ¿qué me has hecho?, ¿qué quieres de mí?". Durante la cena tuvo que disimular y soportar las risitas y las bromas habituales.

Dos días después, el domingo por la mañana, Otto se asomó a la puerta de su cuarto.

—¿Puedo pasar? Tenemos que hablar, Ana.

Ana cerró deprisa el cuaderno, como siempre hacía, por miedo a que alguien lo leyera. Otto se sentó a su lado y le habló con afecto.

—Ana, tu madre y yo estamos preocupados. Tu relación con Peter...

—¡No hacemos nada malo!

—Por supuesto. Pero aquí todo es difícil. Si fueras libre, conocerías a más chicos. Podrías elegir.

—¿Es malo enamorarse?

—Ana, no puedes exponerte a una situación que no puedas controlar. ¿Me entiendes?

—Sí. Pero...

—Tienes que terminar con los abrazos y los besuqueos...

—Yo confío en Peter.

—Ana, hasta que acabe la guerra, no olvides nuestra consigna: trabajo y esperanza. Estás descuidando tus estudios.

Cuando salió su padre del cuarto, Ana se quedó desconcertada y rabiosa. Conque "besuqueos"... ¡Ya ni su padre la entendía!

Ahora que había encontrado consuelo en Peter, ¡su padre le venía con sospechas y prohibiciones! ¡Qué estúpidos eran los mayores! Pero ella ya no era una niña, era responsable de su vida, la ley judía estaba de su parte porque ya había pasado el *bat mitzvah*,[25] así que no dejaría de subir al desván a sentarse o tumbarse al lado de Peter. La nueva Ana ya no se dejaba mandar así como así.

De un tirón escribió una carta a su padre para aclararle que era independiente en cuerpo y alma, que cada día se sentía más libre y que quería seguir su propio camino. "Las penas vividas me han hecho mayor. Haré lo que crea que puedo hacer. No puedes impedirme que vaya arriba con Peter, a no ser con mano dura. Así que déjame en paz".

Antes de comer Ana se acercó a su padre y le metió la carta en el bolsillo de la chaqueta. Cuando terminó de fregar los platos y volvió a su cuarto, lo vio de pasada sentado en la cama, inmóvil, mirando el suelo. Poco después Margot entró con cara de enfado y le dijo en voz baja:

—Papá ha estado llorando. ¿Qué le has dicho en la carta? ¿Cómo has podido disgustarlo tanto?

Dos días después Otto volvió a hablar a solas con Ana.

—Es la carta más horrible que he recibido en mi vida. ¡Te hemos dado todo nuestro amor de padres y te sientes abandonada! Has sido muy injusta. De verdad, Ana, no nos merecemos tus reproches.

Ana se sintió muy mal y se echó en brazos de su padre, bañada en llanto.

—Perdóname, papá, te quiero mucho, no quise hacerte sufrir. He caído muy bajo.

Estuvieron un rato abrazados. A Otto también se le escaparon las lágrimas.

—Quemaré la carta en la estufa. Ana, esta carta nunca ha existido.

Los últimos días de mayo de 1944 fueron casi veraniegos. En la Casa de atrás el calor causaba pequeños desastres, la mantequilla se derretía, el pan se secaba, la leche se echaba a perder, pero sus moradores vivían pendientes de las venturosas noticias de la radio. El 4 de junio las tropas aliadas entraban en Roma. Y el día 6, a la hora del desayuno, los ocho encerrados supieron que el día D había llegado. "La invasión ha comenzado", anunció la BBC, y esa noticia esperanzadora la repitió en varios idiomas. ¡El día de la ansiada liberación estaba cerca! Los encerrados estaban excitados, pegados a la radio, escuchando las informaciones sobre el desembarco de los ejércitos aliados en Normandía. "Nos espera un duro combate, pero 1944 será el año de la victoria total", dijo el general Eisenhower en el informativo de las once.

Un mes después, el 6 de julio se cumplieron dos años de encierro de los Frank y los van Pels en la Casa de atrás. La esperanza de una pronta liberación hacía más llevaderas las penurias* e incomodidades cotidianas. Ana escribía con más esmero su diario porque sería un testimonio de cómo ocho judíos habían sobrevivido en un escondite. "Siempre he sido sincera y valiente para defender mis opiniones", le dijo a Kitty, "he luchado contra la terrible realidad que ataca los ideales y aniquila los sueños, comparto el dolor de millones de personas, y aquí encerrada me basta mirar el cielo desde la ventana del desván para pensar en el final de esta guerra cruel y volver a un mundo donde reine la paz. Pero ¿tendrá mi diario interés? ¿Y si lo titulo *La Casa de atrás*? Es un titular con gancho: podría parecer una novela de detectives".

El día 20 los escondidos alimentaron la esperanza de recobrar pronto la libertad. En corro, alrededor del aparato de radio, escucharon atónitos la noticia de la BBC: "Adolf Hitler ha escapado de la muerte al explotar una bomba a las 12:42, hora local, en su cuartel general en Rastenburg". No era el primer atentado que sufría el perverso dictador, pero era una prueba de que tenía enemigos en su propio ejército. Estaba el Führer en una sala reunido con altos jefes militares y un coronel dejó un maletín con una bomba debajo de la gran mesa, pero la explosión, que mató a cuatro oficiales e hirió a cinco de gravedad, a Hitler solo le causó heridas leves.

Durante las comidas, y mientras desenvainaban guisantes o pelaban fruta para hacer la mermelada, los encerrados no hablaban de otra cosa.

—Hay militares alemanes partidarios de lograr un acuerdo de paz.

—Ya no creen en la victoria.

—Pronto seremos libres.

Pero alguna voz miedosa o prudente rebajaba la ilusión.

—Habrá muchas muertes hasta el fin de la guerra.

—Quizás aceleren la matanza de judíos.

La relación de Ana con Peter se había enfriado. Ella ya no sentía lo mismo y Peter no era el que había imaginado. Los papeles se habían cambiado. Ahora era Peter el que deseaba su amor y se aferraba a ella para hacer los días más soportables. Además, Mouschi había desaparecido, tal vez había ido a parar a una cazuela, porque mucha gente en Holanda pasaba hambre y frío.

Por su parte Ana se definía como un manojo de contradicciones. "Te conoces a fondo", se decía, "y tienes conciencia clara de quién eres, pero tu alma está partida en dos. En una reside tu alegría de vivir, la Ana que todos conocen, la visible, la chica ligera, risueña, bromista, sabihonda, coqueta, la cabrita loca, la Ana que besaba a Peter… Pero hay otra Ana, la invisible, la de dentro, la verdadera, la Ana sentimental, más débil, la incomprendida, la que sorbe las lágrimas a escondidas, la Ana pura que se aferra a la esperanza de un mundo menos cruel, un mundo que no esté basado en la muerte y en el horror, sino en la vida y en la paz. Sí, hay una Ana secreta, llena de ideales y proyectos…".

La detención

La luz de verano entra a raudales en la oficina de la fábrica Opekta. Son las diez y media de la mañana del viernes 4 de agosto de 1944. Del almacén sube el monótono runrún del molino de especias y por las ventanas abiertas se cuela el chirrido lejano de un tranvía, los rumores de la calle, el frenazo de un coche ante la puerta de la fábrica. Bep teclea en la máquina de escribir. Kleiman, el contable, que se ha reincorporado tras la operación de estómago, habla por teléfono con un cliente. Miep revisa facturas, cuando, de golpe, oye un portazo y recias pisadas en las escaleras, alza la vista de los papeles y se encuentra con el cañón de una pistola que le apunta a la cara.

—¡Quieta! ¡Manos arriba!

Al otro lado de la mesa está plantado un sargento de la Gestapo. Viste el uniforme verde-gris, calza botas militares y lleva la gorra de plato reglamentaria. Sin dejar de encañonarla, pregunta en alemán, con tono áspero:

—¿Dónde están?

Miep se aturde. Tras el sargento han entrado en tropel tres agentes de la Policía Verde holandesa, que colabora con las SS alemanas. Uno de ellos se aposta en la puerta y los otros dos, pistola en mano, encañonan a Bep y Kleiman.

—¡Las manos en la cabeza! ¡De pie!

El sargento alemán aborda a Miep con brusquedad.

—¿Dónde están los judíos?

El sargento alemán se llama Karl Joseph Silberbauer. Es natural de Viena y hace nueve meses que está en Holanda. Tiene treinta y tres años. Para él detener judíos es un trabajo rutinario.

El susto y el miedo dejan a Miep sin palabras. Atraído por las pisadas y las voces, Victor Kugler se asoma a la puerta corredera del despacho. El sargento Silberbauer se vuelve hacia él, avanza unos pasos, le apunta con la pistola y le pregunta en alemán:

—¿Quién es el jefe aquí?

—Soy yo.

—¿Dónde oculta a los judíos?

Kugler se queda sin habla. Sus ojos azules expresan miedo y estupor. ¿Quién los ha denunciado? ¿Quién es el traidor? ¿Fue Maaren, el mozo del almacén? La recompensa para el denunciante es un buen botín: ocho judíos, a 25 florines por judío, 200 florines.

—¿Dónde están? —repite, irritado, el oficial nazi. Da unos pasos hacia Kugler y con la pistola le indica que se mueva y le lleve al escondite.

Kugler, aturdido, con las manos en alto, va hacia la puerta del fondo, sale al pasillo, sube la escalera que conduce a la Casa de atrás. El sargento lo apremia arrimándole a la espalda el cañón de la pistola. Los siguen los tres policías holandeses. Kugler llega a la librería y tira del mueble hacia fuera. Al girarla, se descubre el vano en la pared. El sargento y los policías, uno tras otro, se agachan para no tropezar con el dintel y se cuelan dentro. El sargento abre la puerta de la derecha y sorprende a Edith tejiendo un jersey, a Margot sen-

tada a la mesa y a Otto, que acaba de bajar de dar clase de inglés a Peter. Los tres se quedan paralizados.

—¡Manos arriba! ¡De pie! —brama el sargento Silberbauer en alemán.

Otto y Edith se levantan despacio, ella da dos pasos y se abraza a él, gime, ahogándose. Margot ha cerrado el cuaderno de latín, se ajusta las gafas, se pone en pie y rompe a llorar.

—Las manos en la cabeza.

Dos policías han subido corriendo la estrecha escalera y sus recias pisadas retumban en los peldaños de madera. El otro policía ha entrado detrás del sargento y de dos zancadas se asoma a la puerta de la izquierda

—Aquí hay otra.

Ana está sentada ante la mesita escritorio. Ya ha estudiado francés y está ojeando un libro de botánica que le regalaron en su cumpleaños. En estas últimas semanas ha leído biografías de Galileo Galilei, de Carlos V y de Mozart, y desde su cumpleaños lee la Biblia.

—Sal —ordena el policía.

Ana sale, se reúne con sus padres y con Margot y los cuatro se agrupan, abrazados.

—¿Dónde están los otros? —pregunta el oficial nazi a Otto.

Pero no necesita respuesta porque se oyen voces en el piso de arriba. Uno de los policías ha sacado a Peter de su cuarto y lo cachea. El otro hace lo mismo con Hermann y Pffefer. Luego les permiten bajar los brazos. Auguste ha quedado paralizada de miedo en la silla.

Silberbauer hace un gesto a los detenidos para que bajen los brazos. En el cuarto de Ana el policía registra las camas, revuelve sábanas, voltea los colchones, abre el armario y tira al suelo ropas, los estuches de aseo, el maletín de dentista y varios objetos de Pfeffer. Luego repara en la mesa y coge la cartera de cuero negro que Otto había regalado a Ana para que guardara en ella el diario. La voltea y la sacude varias veces. Caen al suelo papeles y dos cuadernos, uno lleva en la cubierta el título *Cuentos de la Casa de atrás*, el

otro cuaderno es de tapa dura, a cuadros rojos, con broche de cierre. Es su diario. El policía no parece muy satisfecho del registro y de un manotazo tira al suelo los libros del estante. Luego vuelve a la otra habitación y arroja la cartera vacía sobre la cama.

El sargento alemán se ha fijado en el mapa de la pared donde Otto ha ido señalando con alfileres azules de costurera las ciudades y posiciones que los ejércitos aliados han conquistado en Normandía tras el desembarco. Se da cuenta de lo que el mapa significa y quizás de la esperanza que cada alfiler clavado representa para los escondidos. Luego le llama la atención el baúl gris que hay entre la cama pequeña y la pared de fondo. Da unos pasos adelante, se inclina sobre la chapa grabada de la tapa y lee: "Teniente Otto Frank".

—¿De quién es esto?

—Mío.

El sargento Silberbauer se sorprende. No se esperaba que el detenido, un judío, hubiese luchado por Alemania en la primera guerra mundial. Y con el grado de teniente, un rango militar superior al suyo.

—¿Por qué no se ha registrado como veterano de guerra?

Silberbauer se ha dado cuenta de que es una pregunta sin sentido: Otto es judío. Se queda un instante indeciso y aparta la mirada. Su formación militar le avisa del respeto que se debe a un superior, pero... él cumple órdenes y su misión es detener judíos. Esa mañana se ha recibido en el cuartel una llamada anónima que denunciaba el encierro de ocho judíos en el número 263 de la calle Prinsengracht, y allí está él para apresarlos. En las últimas semanas el Servicio al que pertenece Silberbauer apenas ha hecho detenciones porque desde el desembarco aliado en Normandía los ejércitos alemanes están más ocupados en la defensa de Holanda que en sacar judíos de su escondite.

—¿Cuánto tiempo llevan aquí? —pregunta, suavizando el tono.

—Dos años y un mes —contesta Otto.

Incrédulo, Silberbauer se fija en Ana.

—¿Cuántos años tienes?

—Quince.

Se oyen voces y llantos en el piso de arriba, y pasos que bajan la escalera.

—Tienen cinco minutos para recoger —dice el sargento Silberbauer a Otto.

En esto entra en la habitación el doctor Pfeffer, demudado, las manos sobre la cabeza, y tras él un policía, que le apunta a la nuca con la pistola.

—Arriba había cuatro —dice.

—Recojan lo imprescindible —repite el sargento—. El dinero y las joyas, entréguenlos.

—Ahí hay una caja fuerte —le responde Otto, señalando el armario.

Ana y Pfeffer se van a su cuarto. Silberbauer enfunda la pistola, abre el armario y del estante de abajo saca una caja metálica de color gris. Levanta la tapa y hace un gesto de satisfacción. La vacía sobre la mesa. Hay un taco de billetes y pulseras, collares, pendientes, un reloj, gemelos de oro, joyas de valor. Algunas de estas alhajas son antiguas, pertenecieron a la madre y a la abuela de Edith. El sargento mete en la cartera las joyas y el dinero.

En su cuarto Ana se sienta en la cama y se pone los zapatos entre gemidos y temblores que no puede evitar. Pfeffer se quita las gafas, las limpia, se restriega los ojos y se las vuelve a poner. Luego coloca una maleta, que está como nueva, encima de la cama y va metiendo en ella con mucho orden y cuidado, como si fuera instrumental de dentista, el retrato de Charlotte, las zapatillas, unos zapatos, ropa, una corbata, el estuche con las cosas de aseo. Tropieza con Ana, se vuelve y le hace una caricia en la cabeza. Ana, con lágrimas en los ojos, va metiendo en una bolsa ropa, cosas de aseo... Duda, no sabe qué le falta.

—Que no tarden —dice el sargento al policía. Luego desenfunda la pistola y la empuña, recoge la cartera con el botín y sale. Se le oye bajar la escalera. Entra en la oficina y pide por teléfono un camión. Luego se dirige a Kugler y a Kleiman, y les dice—: Quedan detenidos.

No repara en que falta Bep. Kugler la ha enviado a su casa para avisar a su mujer. Miep no ha querido irse, no podía.

El sargento se detiene delante de la mesa de Miep y la mira con desprecio. Miep, que vivió sus once primeros años en Viena, ha reconocido su acento, y le dice:

—Yo también soy de Viena.

—Su carné de identidad.

Miep busca en el bolso y se lo entrega. El nazi lo mira y frunce los labios.

—¿No te avergüenza proteger a esta basura judía? ¡Traidora! Ya veré qué hago contigo.

Un rato después entran en la oficina los ocho detenidos, con las mejores ropas y el equipaje en la mano. Se quedan de pie, agrupados, sin decir nada. Un policía entrega al sargento una caja con las joyas que han recogido al doctor Pfeffer y a los van Pels, y él las mete en la cartera. Luego se asoma a la ventana, en cuyos cristales hay reflejos soleados del agua del canal.

No tarda mucho en llegar el camión. Es gris, con una caja grande y cerrada para el transporte de mercancías.

—Vamos —ordena tajante el sargento—. Todos abajo.

Y hace una señal a Kugler y a Kleiman para que se dirijan también a la puerta. Luego se vuelve hacia Miep, y la mira sin hostilidad:

—Por ahora te dejo libre.

Cuando desaparecen, Miep se asoma a la ventana y ve a los diez detenidos salir uno tras otro a la calle. Los policías los empujan para que suban al camión, Kugler y Kleiman entran los primeros, pero los demás, aunque no se resisten, están como cegados por el sol y la sorpresa de verse al aire libre después de dos años de encierro. A medida que van entrando en el camión se sientan en los bancos laterales, y al cerrarse el portón

quedan a oscuras. El camión se pone en marcha precedido del coche policial, que hace sonar la sirena.

Miep, ahora, no puede contener el llanto y la congoja. No sabe qué hacer. Luego sube a la Casa de atrás y recorre las habitaciones. Encuentra todo patas arriba. En el cuarto de Ana ve en el suelo papeles y los dos cuadernos. Sabe lo que el diario significa para ella, así que lo recoge y baja con él a la oficina. Lo mete en el cajón de su mesa sin abrirlo. "Aquí te lo dejo, Ana, para cuando acabe la guerra y vuelvas", le dice mentalmente.

El final

Los ocho judíos escondidos en la Casa de atrás y sus dos protectores permanecieron un día en el cuartel de la Gestapo. Nada más llegar, los ficharon, interrogaron por rutina a los hombres y encerraron a todos en celdas. Al día siguiente trasladaron al doctor Pfeffer y a las familias Frank y van Pels a la cárcel de la ciudad. Tres días después, el 8 de agosto, los condujeron a la Estación Central, les hicieron subir a un vagón de tercera con otros presos judíos y los llevaron al campo de internamiento de Westerbork, situado a unos 180 km de Ámsterdam, al noroeste de Holanda.

Sentada en el banco de madera, Ana no se separó de la ventanilla del tren durante el viaje de varias horas. Veía pasar aldeas, canales, granjas, prados con vacas y ovejas, arboledas y bosques de castaños. Con la nariz pegada al cristal Ana recordaba aquellas tardes en el desván, cuando estaba sentada con Peter en un arcón, abrazada a él, entre sacos de judías y trastos viejos. Antes del encierro apenas se había interesado por la naturaleza, pero ahora deseaba estar tumbada en la hierba, bajo un árbol frondoso, oyendo a los pájaros cantar entre las ramas, libre y sin miedo. Pero iba presa. ¿Qué sería de todos ellos?

El campamento de Westerbork era como una ciudad vallada con alambradas de púas y torres de vigilancia, con calles polvorientas cuando hacía buen tiempo y embarradas la mayor parte del año. Se había creado en 1939 para acoger a refugiados judíos que huían de la Alemania nazi, pero tras la invasión de Holanda las autoridades alemanas lo convirtieron en un "campo de tránsito" hacia los centros de exterminio en Polonia. Tenía más de cien barra-

cones de madera, y en él había talleres, un hospital, escuela, tienda, sinagoga, oficina postal y hasta un restaurante y un cabaré con músicos virtuosos, bailarinas y actores. Daba la apariencia de "normalidad", incluso el comandante nazi estimulaba las competiciones deportivas y los espectáculos musicales, pero la situación de los presos era penosa y las condiciones higiénicas muy malas. Muchos caían enfermos. Desde su conversión en "campo de tránsito" en el

verano de 1942, habían pasado por allí unos 95 000 judíos. Por lo general los prisioneros permanecían en Westerbork pocos días o semanas. Los martes salía un tren de ganado con un millar de prisioneros hacia los campos de exterminio de Alemania y Polonia. El primer tren había partido la noche del 14 al 15 de julio de 1942.

Nada más llegar al campo, llevaron a los detenidos al pabellón de alistamiento y clasificación.

–¿Nombre?

–Otto Frank.

El listero* comprobó la ficha policial de los Frank, los van Pels y Fritz Pfeffer. Era judío, como todos los que llevaban el funcionamiento interno del centro: cocineros, enfermeros, guardianes, empleados de mantenimiento y de la lavandería, sastres y costureras, zapateros, carpinteros, barrenderos… Divididos en brigadas, cientos de colaboradores disfrutaban de muchas ventajas y evitaban la inmediata deportación.

–Barracón de criminales –dijo el listero.

–No somos criminales –protestó Otto con aplomo.

–Siguiente.

–¿Cuál es nuestro delito? –insistió Otto.

–No presentarse cuando los llamaron.

Los prisioneros declarados "criminales" sufrían peor trato que los demás. Ocupaban los barracones de castigo, separados por sexo, recibían menos comida, no podían llevar su ropa de calle, trabajaban en tareas más duras y eran los primeros en embarcar en los trenes con destino a Alemania y Polonia.

Antes de ingresar en el barracón 67, Ana, su madre, su hermana y Auguste sufrieron el humillante registro reglamentario. Les quitaron todo, les cortaron el pelo, pasaron desnudas una tras otra un examen médico, y les dieron unos zuecos y un blusón azul oscuro con un parche rojo para señalarlas como ocupantes del penal. Luego las llevaron a un pabellón donde se alineaban ciento cincuenta camastros a cada lado de un pasillo central.

Los días en el campo de Westerbork eran rutinarios. La jornada empezaba a las cinco. Los presos se colocaban de pie en el pasillo hasta que terminaban de pasar lista, luego se aseaban, desayunaban un bollo de cien gramos y pasaban a los talleres de trabajo. A Ana, Margot, Edith y Auguste las destinaron a desmontar baterías. Sentadas a una larga mesa, las abrían con un escoplo y un martillo, sacaban las varillas de carbono, raspaban la pasta de cloruro amónico de la carcasa y separaban las distintas piezas y las distribuían en cajas. Era un trabajo sucio porque terminaban con las manos, la cara y la ropa negras, y no era sano, porque las emanaciones del cloruro amónico irritaban los bronquios y producían tos. Debían trabajar en silencio, pero conversaban por lo bajo. Siempre había

alguien que contaba cosas divertidas, y hacía reír, o fantaseaba con el día de la liberación. La comida consistía en una sopa y un mendrugo de pan.

Por la tarde las mujeres y los hombres de los barracones de castigo podían reunirse antes de la cena sin ninguna limitación. Y eso hacían los ocho de la Casa de atrás. Otto intentaba mantener el ánimo de todos y aliviar el miedo a la deportación.

—Los aliados han entrado en París. La guerra no durará mucho.

Esas noticias alimentaban la esperanza de que se suspendieran para siempre las deportaciones, pero cuando llegaba un tren vacío para recoger su carga, se desencadenaba el pánico. ¿Y Johan Kleiman y Victor Kugler, sus protectores? ¿Los habrían llevado a Alemania para trabajar en las fábricas de armamento? ¿Los habrían fusilado?

Ana pasaba algunos ratos con Peter. Mientras ella mantenía viva la esperanza, confiaba más en Dios, afirmaba su identidad judía y hacía planes futuros, él parecía haber retrocedido a los primeros días de encierro en la Casa de atrás. Era más reservado y más descreído.

—¿Sabes, Peter? —le dijo—. Cuando salga escribiré una novela de amor. La tengo en la cabeza.

—¿Cuando salgas adónde?

—Cuando haya terminado esta persecución de los judíos.

—¿No éramos el pueblo elegido? Dios nos ha abandonado.

Una mañana Ana estuvo en la escuela contando cuentos a los niños pequeños. Había una vez una mamá pata…, cua, cua, cua… Los niños se divirtieron mucho con ella. Poco después la tos y la fiebre la llevaron unos días a la enfermería.

Esta vez el tren de los martes se adelantó dos días. Aunque los ejércitos aliados ya habían liberado Francia y Bélgica, bombardeaban ciudades alemanas y destruían puentes y fábricas, la maquinaria nazi de matar judíos no paraba. Casi un mes después de llegar al campo, el sábado 2 de septiembre de 1944 los guardias de las SS leyeron por orden alfabético los nombres de los 1019 presos que partirían en tren a la mañana siguiente. Estaban en esa lista los ocho escondidos en la Casa de atrás. Aquella misma tarde les entregaron las maletas y mochilas con la ropa y los objetos que les habían quitado al ingresar en el campo.

Para los guardias de las SS, armados y con perros de ataque, el embarque en el tren de transportar ganado era un trabajo habitual. Como en otras noventa ocasiones, reunieron de madrugada a los viajeros en la explanada del campo y los condujeron en manada al andén. Los prisioneros caminaban sumisos, en silencio, cargados con su equipaje, ataviados con abrigos y bufandas de invierno. Una maestra se ocupaba del grupo de niños huérfanos, todos bien aleccionados para que no perdieran la libreta escolar que debían entregar al maestro del siguiente campo. En total eran 79 los niños de la expedición. Este fue el último tren que salió de Westerbork al campo de exterminio de Auschwitz.[26] En los días siguientes salieron dos trenes más, a sendos campos de Alemania y Checoslovaquia. Aunque Francia y Bélgica ya habían sido liberadas, los nazis persistían en su "*solución final* al problema judío", es decir, su exterminio sistemático.

Los vagones de mercancías tenían dos ventanucos de ventilación con barrotes, suelo de paja, y un cubo a cada extremo, uno con agua de beber y el otro para orines y excrementos. Los guardias metían en cada vagón sesenta o setenta personas, con sus bultos. Iban apretujadas, de pie o en el suelo, casi a oscuras.

—No estaremos tan mal mientras estemos juntos —dijo Otto a su mujer y a sus hijas.

Tres días tardó el tren en llegar al campo polaco de Auschwitz. Durante el trayecto paró en muchas estaciones, a veces durante horas. En algunas de estas paradas los guardias abrían las puertas para dar agua a los prisioneros y vaciar los cubos de excrementos. El viaje fue extenuante y penoso. El apretujamiento, el frío nocturno, el hambre, el hedor, el llanto de los niños, el cadáver de un anciano en un rincón… En la noche del tercer día el tren se detuvo una vez más, y al cabo de un tiempo, a eso de las dos de la madrugada, descorrieron los cerrojos, abrieron las puertas y se oyeron gritos apremiantes.

–¡Bajen! ¡Bajen todos! Sin equipaje.

Los reflectores deslumbraron a los prisioneros. Guardias de las SS con látigos y perros patrullaban el andén.

–¡Rápido! ¡Rápido!

A gritos y empujones los *kapos*,[27] vestidos con el uniforme rayado de presidiario, separaban a los hombres de las mujeres. Tenían que forcejear y dar golpes para desunir a los miembros de una misma familia, madres que se aferraban a sus hijos, esposos que se abraza-ban, abuelos... Eran escenas crueles y desgarradoras.

—¡Papá! ¡Pim! —gritaba Ana al alejarse de él.

"Puede que no las vea más," se dijo Otto, que fue conducido con los demás hombres a un extremo del andén.

Los médicos hacían una selección rápida. Les bastaba echar un vistazo, o una pregunta ("¿Cuántos años tiene?") o un reconocimiento superficial para apartar a enfermos, ancianos o personas de apariencia débil y enviarlos directamente a las cámaras de gas. Aquella misma mañana 549 pasajeros del tren, incluidos todos los niños, murieron gaseados.

Los ocho escondidos en la Casa de atrás se libraron de la fatal selección. Otto, Pfeffer, Hermann y Peter caminaron con los demás hombres hasta el campo grande, a unos tres kilómetros, y Auguste, Edith, Margot y Ana ingresaron en el campo II, que estaba más cerca. Los trámites llevaban bastante tiempo y suponían para los prisioneros un cruel despojo de su identidad. Tras quitarles la ropa, el calzado y todo lo que llevaban encima —fotos, carnés, relojes, anillos, medallas y cadenas—, entraban desnudos en una cámara de desinfección que llamaban "la sauna". Luego pasaban de uno en uno delante de un *kapo*, que les tatuaba un número en el brazo. Siempre en fila, se sometían luego al rapado de la cabeza, pasaban a la ducha y recogían ropa interior, los hombres un "pijama de rayas" y las mujeres un vestido gris. En el pecho de la prenda se les marcaba con tinta imborrable el mismo número que llevaban grabado en la piel. Luego se les asignaba un barracón y una litera. A partir de ese momento comenzaba la lucha por sobrevivir a todas las calamidades: frío, hambre, trabajos, castigos y enfermedades.

Para Ana, que tantas veces había remirado en los espejos su melena negra, la gracia de los rizos y el adorno de los prendedores, fue una humillación sin consuelo verse con la cabeza pelada, pues lo interpretó como una mutilación de su personalidad. El pelo de las mujeres se vendía luego a tanto el kilo para fabricar mantas, aislamiento de tuberías y otros productos textiles.

Ana Frank ocupó una litera junto a las de su madre, su hermana y Auguste. Las cuatro estaban siempre juntas. A las 3:30 las levantaban. El recuento y el aseo llevaba casi una hora. Gran parte del día lo pasaban acarreando piedras y cavando. Unas semanas después Ana y Margot cogieron la sarna, su cuerpo se llenó de costras y fueron apartadas a un barracón sucio y oscuro. Su madre iba a verlas y les llevaba comida de su escasa ración.

A finales de octubre de 1944 el ejército ruso estaba a sesenta kilómetros de Auschwitz y los prisioneros concibieron la esperanza de una inmediata liberación. Pero las autoridades nazis decidieron trasladar a los que aún podían trabajar a campos más seguros. En esos días finales de mes y en los primeros de noviembre los alemanes transportaron en trenes a 8000 judíos de Auschwitz al campo de Bergen-Belsen, al norte de Alemania. Entre las mujeres iban Auguste van Pels, Margot y Ana, pero no Edith.

A las viajeras les proporcionaron vestidos viejos, zapatos, una manta y una provisión de pan, queso, margarina y agua para un viaje que duró cinco días. El frío en el vagón era intenso y Ana y Margot, mal abrigadas, llegaron hambrientas y muy débiles. A esas calamidades se añadía el dolor de haber perdido a su madre. ¿Por qué no la habían seleccionado? ¿La volverían a ver? Las dos se sentían desamparadas porque su madre las había protegido como nunca, con una entrega y un coraje que nunca le habían supuesto. ¿Y Pim? ¿Y Peter? Las dos suponían que habían muerto en la cámara de gas.

Desde el andén las mujeres tuvieron que caminar 6 km hasta llegar al campamento. Bergen-Belsen tenía varios campos; uno había albergado a miles de prisioneros rusos, otro estaba lleno de judíos húngaros, otro era para judíos "especiales", aquellos destinados al intercambio con militares alemanes en poder de los ejércitos aliados, o los que podían ser rescatados por alguna organización internacional. Este era el campo estrella, porque los ocupantes no vestían indumentaria de rayas, sino sus ropas con la estrella amarilla en el pecho, no llevaban rapado el pelo, recibían alimentos de la Cruz Roja y disponían de mejores condiciones higiénicas.

Los barracones del campo de mujeres estaban atestados y no había sitio para las recién llegadas. Las alojaron en tiendas que carecían de camas, de modo que dormían en el suelo de tierra, a oscuras, juntas para darse calor. Más tarde las trasladaron a un cobertizo con filas de literas que eran nichos de madera, sin almohada ni colchón. No tenían duchas, ni medicinas, las letrinas estaban fuera, al aire libre, la dieta se reducía a una sopa aguada y algo de pan, el frío intenso y los piojos las consumían y trasmitían infecciones. A diario morían muchas mujeres de hambre, tifus, frío, agotamiento, golpes y torturas.

Aunque estaba prohibido, Ana y Margot se arrimaban a menudo a la alambrada de espino con la esperanza de ver a su madre o de tener noticias de ella en el campamento de los llamados "palestinos", familias judías seleccionadas por las SS para ser canjeadas por prisioneros de guerra alemanes y enviadas después a Palestina. Un día Ana se enteró de que Hanneli Goslar se hallaba en aquel campamento y se encontró con su amiga una noche, a escondidas, separadas por la valla.

—¿Hanneli? ¿Estás ahí?

—¿Ana? ¿Ana Frank?

Lloraron de emoción. Hacía dos años que se habían separado. ¡Cuántas veces en el escondite Ana se había acordado de ella y temido por su vida! A su vez, Hanneli había creído que la familia Frank estaba a salvo en Suiza.

—¿A salvo? —dijo Ana—. De casa al escondite, y de allí a la cárcel y al campo de concentración.

Tras su detención, los Goslar habían conseguido permanecer en Westerbork sin ser deportados y llevaban un año —desde febrero de 1944— esperando un intercambio.

—Mis padres habrán muerto —dijo Ana a su amiga—. Yo también quisiera morirme. No puedo soportar tanto sufrimiento a mi alrededor.

En otro encuentro Hanneli logró pasar a través de la valla un envoltorio con una chaqueta de lana, galletas, azúcar y una lata de sardinas, pero una mujer se lo arrebató a Ana. A la noche siguiente, sin embargo, Hanneli llevó otro paquete con algunas provisiones, y esta vez Ana pudo recogerlo y repartir la comida con su hermana y Auguste. Fue la última vez que se hablaron.

En febrero de 1945 una epidemia de tifus afectó a los prisioneros de Bergen-Belsen. Todos los días morían centenares de hombres y mujeres. Margot y Ana contrajeron la enfermedad, tenían fiebre y diarreas, cada día estaban más débiles. Las trasladaron al barracón de moribundos. Allí no había comida ni bebida. Unas mujeres compasivas les llevaban lo que podían. Margot empeoró y Ana, extenuada, no se separaba de ella. Una noche Margot se cayó del banco y apareció muerta en el suelo. Ana murió unos días después que su hermana, en la segunda quincena de febrero.

Dos meses más tarde, el 15 de abril de 1945, las tropas británicas llegaron a Bergen-Belsen y liberaron a 60 000 prisioneros. Había unos 10 000 cadáveres sin enterrar.

Epílogo

Los ocho escondidos en la Casa de atrás murieron todos en los campos de concentración, excepto Otto Frank.

Edith, la madre de Ana, falleció por hambre y extenuación en Auschwitz-Birkenau el 6 de enero de 1945. Estaba deprimida y había perdido el juicio, pues guardaba algunos alimentos bajo la manta para dárselos a su marido. Hermann van Pels murió gaseado en Auschwitz a primeros de octubre de 1944. Fritz Pfeffer fue enviado primero a Auschwitz y después al campo de concentración de Sachcsenhausen; murió de disentería en el de Neuengamme el 20 de diciembre de 1944. Auguste van Pels pasó por varios campos de concentración antes de morir en el checoeslovaco de Theresienstadt hacia la segunda quincena de abril de 1945. Peter van Pels fue trasladado en una marcha agotadora desde Auschwitz hasta Mauthausen en enero de 1945. Murió por inanición en este último campo de concentración austriaco el 5 de mayo de 1945, tres días antes de la llegada de los americanos.

Otto Frank fue liberado en Auschwitz el 27 de enero de 1945. Hasta su fallecimiento, en 1980, a la edad de 91 años, se dedicó a recorrer el mundo para promover los derechos humanos y el recuerdo de su hija Ana. En una entrevista, declaró: "Debemos aprender del pasado y percatarnos de lo que significa la discriminación y persecución de personas inocentes. Combatir los prejuicios es responsabilidad de todos".

Ana Frank empezó a escribir su diario el 14 de junio de 1942 en un cuaderno de tapas duras y cuadros rojos que le regalaron. Cuando se le acabaron las páginas, continuó el diario en dos cuadernos escolares. La última entrada es del 1 de agosto de 1944, tres días antes de su detención. Como sabemos, escribía el diario para ella, como cartas dirigidas a su "Querida Kitty", una "amiga del alma". Sin embargo, cuando en 1944 oyó por la radio que al final de la guerra convenía publicar los escritos que daban testimonio del sufrimiento de los holandeses, corrigió lo escrito hasta entonces y lo reelaboró en hojas sueltas.

Miep Gies, la secretaria de la fábrica, recogió los cuadernos y papeles que los policías dejaron esparcidos por el suelo, los guardó y los entregó sin leerlos a Otto Frank después de la guerra. Otto seleccionó pasajes de la primera versión del diario y de la corregida por Ana, suprimió frases en las que la muchacha hacía valoraciones negativas de su madre y presentó el resultado a un editor holandés. Este sugirió a Otto eliminar otros pasajes y algunas alusiones de contenido sexual y, tras esta nueva revisión, el libro fue publicado en 1947 con el título de *La casa de atrás*. En 1986 se dio a la prensa una edición muy cuidadosa de las tres versiones del *Diario* que incluían, como es natural, todos los textos expurgados.

Del *Diario* de Ana Frank se han publicado unos 35 millones de ejemplares en 72 idiomas de todo el mundo. Hasta la fecha se han llevado a cabo dos versiones teatrales, una película y una serie televisiva. La voz adolescente de Ana Frank sigue emocionando por su sensibilidad, su inteligencia creadora, su destreza literaria y el testimonio sobre el terror nazi y los horrores de la guerra.

GLOSARIO
Y NOTAS

GLOSARIO

alféizar: parte inferior de la ventana.

anaqueles: estante.

antisemita: enemigo de los judíos.

***bar mitzvah*:** ceremonia judía en que un chico de 13 años se convierte en adulto.

carillón: conjunto de campanas de una torre que tañen con armonía.

diáspora: dispersión de los judíos expulsados de Israel o Judea.

diván: asiento largo sin respaldo para recostarse o tumbarse.

estraperlo: comercio ilegal de productos racionados.

genocidio: aniquilación o exterminio sistemático de un grupo social por razones religiosas, raciales o políticas.

hacinados: amontonados.

hedor: olor muy desagradable.

holocausto: exterminio o genocidio de los judíos perpretado por los nazis en la segunda guerra mundial.

impune: sin castigo.

incautar: quitar un bien a una persona porque ha cometido un delito.

***Janucá*:** fiesta invernal que dura ocho días y en la que los judíos conmemoran la derrota que los hebreos infligieron a los helenos en el siglo ii a.C.; la lámpara del Templo ardió milagrosamente ocho días pese a que solo tenía aceite para uno.

***kosher*:** (alimento o comida) permitida.

listero: persona encargada de pasar lista.

marcial: militar, de guerra.

***menorá*:** candelabro de siete brazos, símbolo de la identidad judía.

miliciano: persona que forma parte de una tropa armada.

parpar: graznar el pato.

pasmarote: persona boba o pasmada.

penuria: falta de las cosas más necesarias para vivir.

pectina: sustancia que se encuentra en tejidos vegetales y frutas y que se emplea para dar consistencia a la mermelada.

sanctasanctórum: parte oculta y reservada de algún lugar.

***sabbat*:** sábado, día santo y del descanso semanal de los judíos.

secular: que dura desde hace siglos.

taquimecanógrafa: persona que escribe con máquina y que es a la vez *taquígrafa* ('el que escribe tan deprisa como se habla por medio de ciertos signos y abreviaturas').

tina: pila que sirve para bañarse todo el cuerpo o parte de él.

toque de queda: prohibición de estar en la calle durante la noche.

zalamero: que hace demostraciones de cariño afectadas.

zozobra: inquietud.

NOTAS

1 En el libro *Mein Kampf* ('Mi lucha'), Adolf Hitler relató sucesos biográficos y expuso su ideología política nazi, que propugnaba la expansión territorial y un odio visceral a los comunistas y a los judíos.

2 Los nazis recogieron los estereotipos históricos sobre la supuesta maldad de los judíos, a los que se calificaba de usureros, desleales y maestros del engaño. Sostenían además que los judíos pertenecían a una "raza" inferior a la *aria* (un supuesto pueblo de origen indoeuropeo pretendidamente superior a los demás) y que el capitalismo judío conspiraba para controlar el mundo. Hitler responsabilizó a los judíos de la derrota de Alemania en la primera guerra mundial y de los males que acuciaron luego al país, y afirmó en su libro que "ninguna nación podrá librarse de los judíos si no es con la espada".

3 La palabra *nazi* se formó con dos sílabas del nombre oficial del *Partido Nacionalsocialista Obrero Alemán*, una formación política racista, de extrema derecha y ultranacionalista fundada en 1920 y que a partir de 1921 fue liderada por Hitler.

4 Ya en la Edad Media se señaló en ocasiones a los judíos con marcas ofensivas y colores simbólicos. El amarillo representaba la traición. Los nazis obligaron a los judíos a llevar cosida sobre la ropa una estrella amarilla de seis puntas, la estrella del rey de Israel David, que es un símbolo de la identidad judía.

5 La *sinagoga* es la casa donde los judíos se reúnen para rezar y estudiar su religión.

6 La *Cruz de Hierro* era una alta condecoración militar alemana que se concedía por actos de extraordinaria valentía en el frente de guerra.

7 Los *guetos* eran los barrios aislados y protegidos por muros donde se confinaba a la población judía.

8 Los *pogromos* eran asaltos de las multitudes a las juderías para aniquilar a sus habitantes y apoderarse de sus bienes.

9 *Reich* significa en alemán "imperio". El Tercer Reich fue el periodo comprendido desde la llegada al poder de Adolf Hitler (1933) hasta el fin de la segunda guerra mundial (1945).

10 El escritor alemán Heinrich Heine (1797-1856) fue uno de los poetas más populares del siglo XIX en Alemania. Sin embargo, su ideología socialista y sus orígenes judíos le granjearon el rechazo de muchos de sus compatriotas, que censuraron su obra.

11 La italiana Maria Montessori (1870-1952) creó un método pedagógico que pone énfasis en la libertad y autonomía de los niños para que sean ellos mismos quienes desarrollen al máximo sus capacidades intelectuales, espirituales y físicas.

12 El *sabbat*, el sábado, es el día santo de los judíos, destinado exclusivamente al descanso. Desde el atardecer del viernes hasta el anochecer del sábado no se puede trabajar.

13 La *Gestapo* era la temible policía secreta de los nazis, que se encargaba de investigar a los potenciales enemigos de los nazis. La Gestapo detenía, encarcelaba y torturaba sin sujetarse a las normas legales.

14 La palabra *holocausto*, de origen griego, significa 'sacrificio consumado mediante el fuego', y alude al exterminio sistemático o genocidio del pueblo judío durante la segunda guerra mundial. Para referirse al holocausto, los judíos emplean también el término hebreo *shoá* ('catástrofe').

15 *Rin Tin Tin* era el nombre de un perro pastor alemán que protagonizó numerosas películas mudas muy populares rodadas en Hollywood de 1922 a 1931.

16 El *sionismo* es un movimiento político que, desde su fundación a mediados del siglo XIX, luchó por la creación de un estado judío en el territorio de Palestina.

17 Las *SS* era la organización paramilitar, policial y política más importante del régimen nazi. Esta organización, de la que dependía la Gestapo, fue la principal responsable de llevar a cabo el exterminio de los judíos.

18 Los alimentos y los productos de higiene estaban racionados porque escaseaban. El gobierno holandés colaboracionista expedía cartillas de racionamiento para adquirirlos. La hambruna fue general en Holanda en el crudo invierno de 1944 a 1945.

19 La actriz sueca Greta Garbo, que se retiró prematuramente a los 36 años, es considerada uno de los grandes mitos de la historia del cine. La norteamericana Ginger Rogers fue una actriz y bailarina que se hizo famosa por ser la pareja de baile de Fred Astaire en una decena de películas musicales. Hijo de actores, el norteamericano Tyrone Power protagonizó a partir de 1936 más de una treintena de películas en las que interpretaba el papel de atractivo galán. La noruega Sonja Henie fue campeona olímpica de patinaje artístico y participó en una docena de películas en las que en ocasiones se interpretó a sí misma.

20 Desde 1927, la BBC (British Broadcasting Corporation) es la emisora de radio pública del Reino Unido.

21 El cerco de Stalingrado, ciudad llamada hoy Volvograpo, se inició el 23 de agosto de 1942 y terminó con la rendición del ejército asaltante el 2 de febrero de 1943.

22 El primer campo de exterminio, el de Chelmno (Polonia), comenzó a operar el 8 de diciembre de 1941. Este campo fue el primero en utilizar gas venenoso.

23 La fiesta de la *Janucá*, celebrada un día entre finales de noviembre y finales de diciembre, conmemora el milagro producido en el Templo de Jerusalén cuando su candelabro permaneció encendido durante ocho días pese a que apenas tenía aceite para uno. El supuesto milagro ocurrió después de que los macabeos hubieron vencido a los griegos y liberado Jerusalén (s. II a. C.).

24 Winston Churchil fue el primer ministro del Reino Unido durante la segunda guerra mundial.

25 El *bat mitzvah* ('hija de los mandamientos') es la adquisición de la responsabilidad religiosa y moral, que la ley judía fija a los 12 años para la chicas. En el caso de los chicos, se llama *bar mitzvah* y se fija a los 13 años.

26 Auschwitz-Birkenau era un complejo de campos de trabajo y de exterminio, situado a 43 km al oeste de la ciudad polaca de Cracovia. Desde su apertura en 1939 hasta la liberación por el ejército ruso el 27 de enero de 1945, murieron en él un millón de judíos y unas cien mil personas más: presos políticos, gitanos, homosexuales, prisioneros rusos...

27 Los *kapos* eran prisioneros de los campos de concentración (a menudo criminales, presos políticos e incluso judíos) que, a cambio de una mejor alimentación y diversos privilegios, ejercían tareas administrativas y supervisaban los trabajos forzados de los internos.

PERSONAJES
PRINCIPALES

LA FAMILIA DE ANA FRANK

Otto Frank (Fráncfort [Alemania], 1889–Basilea [Suiza], 1980). Padre de Ana, fue teniente del ejército alemán durante la primera guerra mundial. El ascenso de Hitler al poder determinó su decisión de exiliarse a Ámsterdam, donde dirigió la sucursal de la empresa Opekta. Tras la invasión alemana, se escondió con su familia y cuatro personas más durante 25 meses, hasta que en agosto de 1944 todos fueron arrestados y llevados a campos de concentración de Alemania. Liberado en Auschwitz, regresó a Holanda en junio de 1945, se instaló en casa de Miep y Jan Gies e inició la búsqueda de su familia y de los demás escondidos en la Casa de atrás, hasta que se enteró de que todos habían fallecido. Tras recuperar el diario de Ana y sus versiones corregidas, revisó el texto y lo tradujo al alemán. En 1947 el diario se publicó en Holanda con el título *La Casa de atrás*. En 1952 Otto Frank fijó su residencia en la ciudad Suiza de Basilea. Un año después se casó con Fritzi Markovits, la madre de una compañera de colegio de su hija Ana. Otto se dedicó a promover los derechos humanos, la tolerancia y el recuerdo de Ana hasta su muerte, en 1980, a los 91 años. De carácter afable y muy sensato, mantuvo siempre una excelente relación con su hija Ana.

Edith Holländer (Aquisgrán [Alemania], 1900–Auschwitz-Birkenau [Polonia], 1945). Madre de Ana, era la cuarta hija de una familia muy religiosa y adinerada. Trabajó en el negocio familiar de compraventa de maquinaria, chatarra y reciclaje hasta que contrajo matrimonio con Otto, quince años mayor que ella, en la sinagoga de Aquisgrán. Una vez instalada en Ámsterdam, a menudo recordaba con nostalgia sus años felices en Fráncfort. Murió en el campo de concentración de Auschwitz el 6 de enero de 1945, a los 44 años. Tuvo una relación conflictiva con Ana, aunque, según Otto, Edith siempre actuó como una buena madre que sufrió resignadamente los desplantes de su hija.

Margot Frank (Fráncfort [Alemania], 1926–Bergen-Belsen [Alemania], 1945). Hermana mayor de Ana, Margot era una muchacha tranquila, estudiosa, introvertida, y, según Ana, "la bondad, la dulzura y la sabiduría personificadas". Quería ser enfermera en Palestina cuando acabase la guerra. Murió en febrero de 1945, a los 19 años, en el campo de concentración de Bergen-Belsen, unos días antes que Ana.

Rosa Holländer (Bad Schwalbach [Alemania], 1866–Ámsterdam [Holanda], 1942). Abuela materna de Ana, llamada Oma en familia. Tuvo cinco hijos y enviudó poco antes de nacer Ana. Era muy devota y cariñosa, se desvivía por sus nietas y tenía mucha paciencia con ellas. Murió de cáncer en la casa de Ámsterdam en enero de 1942. "Nadie sabe […] cuánto la sigo queriendo", escribió Ana en su diario.

Julius (Eschweiler [Alemania], 1894–Nueva York [EE UU], 1967) y **Walter** (Aachen [Alemania], 1897–Nueva York [EE UU], 1968) **Holländer**. Hermanos de Edith, vivían en la casa familiar de Aquisgrán con la madre. Querían mucho a sus sobrinas e iban a menudo a visitarlas a Fráncfort y a jugar con ellas. Fueron arrestados en una redada nazi, pero lograron salir de Alemania y emigraron a EE UU en 1938, donde desempeñaron trabajos administrativos hasta su muerte.

Alice Betty Stern (Fráncfort [Alemania], 1865–Basilea [Suiza], 1953). Nacida en una familia de profesores y libreros, Alice, la madre de Otto Frank, proporcionó a sus hijos una educación humanística basada en el aprendizaje de idiomas y la música. En vista del creciente antisemitismo en Alemania, su yerno, Erich Elias, decidió inaugurar una sucursal de su fábrica de pectina Opekta en Basilea. Para huir de los nazis, en 1933 Alice se fue a vivir con su yerno y su hija a esta ciudad suiza, donde falleció en 1953.

LOS OTROS ESCONDIDOS

Hermann van Pels (Gehrde [Alemania], 1898–Auschwitz-Birkenau [Polonia], 1944). Hijo de padre holandés y madre alemana, Hermann van Pels fue representante de la empresa de productos cárnicos de su padre en Osnabrük, una población alemana próxima a la frontera holandesa. Van Pels se vio obligado a huir con su familia a Ámsterdam en junio de 1937 para evitar la persecución de los nazis. Allí conoció a los Frank y en 1938 se asoció con Otto en la fábrica Opekta, donde van Pels confeccionaba recetas para salsas especiadas y se encargaba de los pedidos. Era alto, fuerte, bromista y un fumador empedernido. Ana, sin embargo, escribió de él: "Cuando alguien osa contradecirle, se pone bastante violento". En septiembre de 1944 fue deportado a Auschwitz, y un mes más tarde murió en la cámara de gas.

Auguste van Pels (Buer [Alemania], 1900–Theresienstadt [República Checa], 1945). Era la esposa de Hermann. Coqueta, desenvuelta, egoísta, agitadora, "contradice a todo el mundo" y "es ella la culpable de todas las discusiones", escribió Ana. Murió hacia mediados de abril de 1945 en el campo de concentración de Theresienstadt.

Peter van Pels (Osnabrük [Alemania], 1926–Mauthausen [Austria], 1945). Alto y de complexión recia, era el hijo de Hermann y Auguste. Extremadamente tímido y callado, Ana lo encuentra aburrido, quisquilloso y vago, pero al cabo de un tiempo cambia de opinión y lo considera activo y sentimental: "¡Es tan bueno y lo admiro tanto!", escribe. Ana vivió con él los confusos trances del enamoramiento. En septiembre de 1944 fue deportado a Auschwitz, y cuatro meses después fue trasladado a Mauthausen, campo de concentración donde murió en mayo de 1945, a los 18 años.

Fritz Pfeffer (Giessen [Alemania], 1889–Neuengamme [Alemania], 1944). Tras estudiar en Berlín, se estableció en la misma capital como dentista. En 1926 se casó con Vera Bythiner, con la que tuvo un hijo y de la que se divorció en 1933. Tres años más tarde se enamoró de Charlotte Kaletta, una joven separada y con un hijo, al igual que él. Tras la "Noche de los cristales rotos" los dos emigraron a Holanda. Durante el encierro, Miep Gies ejerció de mensajera entre él y Charlotte. Pfeffer dormía en el mismo cuarto que Ana, quien lo juzgaba "chapado a la antigua" y decía de él que "le gusta soltar sermones interminables sobre buenos modales". Murió en el campo de concentración de Neuengamme el 20 de diciembre de 1944.

LAS AMIGAS DE ANA

Hannah (Hanneli o Lies) Goslar (Berlín [Alemania], 1928). La primera amiga de Ana en Ámsterdam, compañera en la escuela y en el liceo judío. Fue deportada al campo de Westerbork en 1943 y luego a Bergen-Belsen, donde volvió a encontrar a Ana Frank, que, según Hannah, padecía "hambre, tifus y lloraba. Lloramos juntas". Sobrevivió al exterminio y emigró a Israel en 1947, donde ejerció de enfermera. Participó en varios documentales en los que rememoró su relación con Ana.

Jacqueline (Jacque) van Maarsen (Ámsterdam [Holanda], 1929). Una de las mejores amigas del colegio de Ana, Jacque era de padre judío y madre cristiana, lo que le permitió evitar la represión nazi. De carácter introvertido, al contrario que Ana ("cómo era posible que fuéramos tan buenas amigas", se extrañaba Jacque a este propósito), después de la guerra no era muy partidaria de hablar en distintos foros de su relación con Ana y menos aún de aprovecharse de la fama que su amiga le había dado, pero al final decidió escribir varios libros sobre Ana Frank y dedicarse a dar charlas sobre ella, porque de ese modo podía denunciar "a qué extremos puede llegar el racismo y el antisemitismo".

Susanne (Sanne) Ledermann (Berlín [Alemania], 1928–Auschwitz-Birkenau [Polonia], 1943). Hija de un abogado y una pianista, Sanne tuvo que emigar con su familia a Ámsterdam en 1933 para huir de los nazis. Fue compañera de colegio y amiga inseparable de Ana. En junio de 1943 fue detenida junto con sus padres y trasladada al campamento de Westerbork. Cinco meses más tarde la familia fue conducida al campo de concentración de Auschwitz y asesinada en la cámara de gas nada más llegar.

LOS EMPLEADOS DE OPEKTA

Johannes (Jo) Kleiman (Koog aan de Zaan [Holanda], 1896–Ámsterdam [Holanda], 1959). Antiguo conocido de Otto Frank, en 1933 entabló amistad con él y en 1938 empezó a trabajar para su empresa como contable y administrador. Alto, delgado y discreto, fue uno de los protectores de los escondidos. Detenido con ellos, fue deportado al campo de Amersfoort. La Cruz Roja lo liberó unas semanas después por motivos de salud. Cuando en 1952 Otto Frank se trasladó a Suiza, Kleiman se hizo cargo de la empresa y se ocupó de la Fundación Ana Frank.

Victor Kugler (Hohenelbe [Austria, hoy República Checa], 1900–Toronto [Canadá], 1981). Soldado alemán en la primera guerra mundial, Kugler emigró a Holanda en 1938. Entró a trabajar en Opekta en 1933 y en 1941 Otto lo nombró propietario nominal de la fábrica (que recibió el nombre de Gies & Co) para evitar que la incautaran los nazis. Protegió a los escondidos en la Casa de atrás. Arrestado con ellos en 1944, fue encarcelado y luego enviado a campos de trabajo hasta que, camino de Alemania, logró fugarse durante un bombardeo en 1945 y regresó a Holanda. En 1955 emigró a Canadá, donde falleció en 1989.

Miep Gies (Viena [Austria], 1909–Hoorn [Holanda], 2010). A los once años sus padres la enviaron a Holanda con una familia de acogida. En 1933 comenzó a trabajar de secretaria en la empresa de Otto Frank. Se desvivió por ayudar a los escondidos ("parece un verdadero burro de carga, siempre llevando y trayendo cosas", dice de ella Ana) y los visitaba varias veces al día. Miep y Bep fueron las únicas personas a las que no detuvieron los nazis. Salvó el *Diario* de Ana y colaboró en preservar su memoria. En 1987 escribió el libro *Mis recuerdos de Ana Frank*. Murió en 2010, a los cien años.

Elisabeth (Bep) Voskuijl (Ámsterdam [Holanda], 1919–Ámsterdam, 1983). Joven administrativa de la fábrica, se hizo amiga y hasta confidente de Ana. Fue una de las encargadas de llevar a los escondidos ropa, alimentos, medicinas, libros… Ana dice de ella que era "alegre y de buen humor, bien dispuesta y bonachona".

Jan Gies (Ámsterdam [Holanda], 1905–Ámsterdam, 1993). Marido de Bep, fue designado por Otto administrador no ejecutivo de la empresa para evitar su expropiación. Al igual que su esposa, arriesgó su vida para ayudar a los escondidos, adquiriendo cartillas de racionamiento en el mercado negro. Tras la guerra, Otto Frank vivió con el matrimonio Gies durante siete años.

Johan Voskuijl (Ámsterdam [Holanda], 1892–Ámsterdam, 1945). Jefe del almacén y padre de Bep. Era el único de los empleados del almacén que sabía de los escondidos, y en 1942 construyó la librería para disimular la entrada a la Casa de atrás. Debido a un cáncer de estómago, dejó el trabajo en 1943. Murió en 1945.

Willem van Maaren (Ámsterdam [Holanda], 1895–Ámsterdam, 1971) Al enfermar Johan Voskuijl, Willem le sucedió como jefe de almacén. Los encerrados sospecharon de él. Después de la guerra fue investigado como delator de los encerrados, pero no se pudo probar que fuera culpable; sí se consiguió demostrar, en cambio, que era responsable de los robos en la fábrica.

Charlotte (Lotte) Kaletta (Ilmenau [Alemania], 1910–Ámsterdam [Holanda], 1985). Divorciada y de fe cristiana, no pudo casarse con el dentista Fritz Pfeffer, uno de los encerrados, debido a las leyes alemanas antijudías. Huyó con él a Ámsterdam tras la "Noche de los cristales rotos". Después de que Pfeffer se escondiera en la Casa de atrás, mantuvo contacto con él a través de Miep Gies, que estaba conmovida con el amor que la pareja se profesaba. Acabada la guerra, Otto Frank le ofreció su amistad y su ayuda, pero Charlotte interrumpió sus buenas relaciones con él tras comprobar el retrato tan poco favorable que se hacía de Pfeffer en el *Diario* de Ana Frank y en una versión teatral del libro estrenada en 1955.

Helmut (Hello) Silberberg (Gelsenkirchen [Alemania], 1926-Sag Arbor [EE UU], 2015). Refugiado con sus abuelos en Ámsterdam desde 1939, Helmut conoció a Ana apenas dos semanas antes del encierro de los Frank y se convirtió en uno de sus mejores amigos. La tarde previa al encierro, Hello fue a visitar a Ana, pero Margot le replicó que su hermana estaba muy ocupada y no lo podía atender. No la volvería a ver jamás. Poco tiempo después Helmut emprendió una rocambolesca huida a Bélgica, en la que a punto estuvo de ser detenido por los nazis, aunque al final logró escapar y ocultarse en Bruselas, ciudad donde sus padres se habían refugiado. Una vez acabada la guerra, emigró con su familia a EE UU, donde falleció en 2015.

Karl Silberbauer (Viena [Austria], 1911–Viena, 1972). Fue el miembro de la Gestapo que en 1944 arrestó a los encerrados en la Casa de atrás. En 1963 fue interrogado por el investigador y cazanazis judío Simon Wiesenthal para que confesara quién había delatado a los Frank, pero lo único que pudo decir es que actuaba por órdenes de su teniente, quien había recibido la información "de fuentes solventes". Silberbauer siguió ejerciendo su oficio de policía en un puesto administrativo de Viena y falleció en 1972.

ACTIVIDADES

ANA FRANK

En la Alemania nazi

En enero de 1933, el matrimonio Frank y unos amigos escuchan por la radio el discurso que Adolf Hitler pronuncia tras ser proclamado canciller de Alemania. Hitler acababa de ganar las elecciones con la promesa de solucionar la terrible crisis económica de Alemania.

a ¿A qué se debía la crisis económica que atenazaba Alemania? (p. 10) En su libro *Mi lucha*, ¿qué opiniones expresaba Hitler sobre los judíos y sobre el comunismo, y qué proyectos acariciaba para su país? ¿Quiénes eran los "camisas pardas" y a qué se dedicaban? (p. 9)

Durante muchas generaciones, los antepasados de la familia Frank vivieron integrados en la sociedad alemana, pero la llegada de los nazis al poder alteró trágicamente esa convivencia.

b ¿Qué formación recibió Otto Frank? ¿Qué hizo durante la primera guerra mundial para ser condecorado? (p. 12) ¿Por qué motivos decidió emigrar con su familia a Holanda? (pp. 13-14)

El exilio en Ámsterdam

Al llegar a Ámsterdam los Frank se encuentran con una ciudad y un país, Holanda, que albergaba una comunidad hebrea arraigada desde hacía siglos y donde los judíos no eran perseguidos.

a ¿Cómo reacciona Edith Frank ante el forzado cambio de país? (pp. 16-17) En cambio, ¿cómo se adapta Ana a las nuevas circunstancias? (pp. 17-18) ¿Por qué la escuela Montessori, en la que ingresa Ana, es la más adecuada para ella? (p. 17) ¿Qué le gustaría ser de mayor? (p. 19)

b En cuanto a Otto, ¿qué relación mantiene con sus empleados? (p. 20)

En Alemania, mientras tanto, se dictan nuevas leyes antisemitas y se recrudece la opresión de los judíos.

c ¿Qué incidente desencadena una terrible represión? ¿Qué sucedió en "la noche de los cristales rotos"? (pp. 21-22)

En aplicación de su política expansiva, Hitler invadió Austria en 1938 y Polonia en 1939, acción que desencadenó la segunda guerra mundial. En poco tiempo, Alemania ocupó casi toda Europa, incluida Holanda. El sometimiento militar trajo consigo la paulatina imposición de las leyes antisemitas alemanas en los países invadidos.

d ¿Cómo afectan a Ana esas leyes? (p. 27) ¿Qué le recrimina su nuevo profesor de matemáticas, y cómo reacciona la niña? (pp. 28-29)

e ¿Qué transcendental regalo le hicieron los padres a Ana el 12 de junio de 1942, día de su cumpleaños? ¿Qué nombre le da ella a ese regalo y por qué? (p. 30) Pocos días después, ¿a quién conoce Ana y qué relación se establece entre ambos? (pp. 32-33)

Finalmente, en Holanda se empieza a aplicar la "solución final" de los nazis. De ahí que el día 5 de julio llegue una citación a casa de los Frank dirigida a Margot para que la joven se presente ante las autoridades. La noticia alarma a Otto Frank y acelera sus planes.

f ¿Qué le hubiese ocurrido a Margot de haber acudido a la estación, tal como se le ordenaba? (p. 35) ¿Qué decisión toma Otto? (pp. 35-36) ¿Por qué los Frank dejan revuelta y desordenada la casa?

Encerrados en la Casa de atrás

A partir de entonces comienza el encierro de dos años que Ana inmortalizará en su *Diario*. En la "Casa de atrás", la parte posterior del edificio que albergaba la empresa Opekta, los Frank tendrán que convivir con otra familia sin llamar la atención de vecinos y autoridades.

a Con la información proporcionada en las páginas 40-47, haz un plano detallado de las estancias de la Casa de atrás, con los diversos elementos que las componen (camas, sillas, mesas...). ¿Por qué esa parte del edificio reunía todas las condiciones para alojarse en él?

b ¿Cómo reaccionan respectivamente Edith y Otto ante el forzado encierro? (p. 40) ¿Y Ana? (pp. 42-44) ¿Por qué no pueden hacer ruido los Frank? (p. 41-42) ¿Cómo consiguen alimentos?

Transcurrida una semana, la familia van Pels se refugia también en la Casa de atrás.

c ¿Qué opinión le merecen a Ana la madre y el hijo recién llegados? (pp. 46-50) ¿Qué normas han de regir la vida en común? (p. 50)

d ¿Cómo explican la desaparición de los Frank sus vecinos? ¿Qué les ha ocurrido a los Goslar y cómo se imagina Ana a su amiga? (pp. 51-52) ¿Qué le confía Ana a su diario y qué logra con ello? (pp. 52-53)

A mediados de noviembre de 1942 el dentista Fritz Pfeffer se agrega al grupo de escondidos en la Casa de atrás y tiene que compartir el dormitorio con Ana.

e ¿Qué noticias del exterior trae el doctor Pfeffer? (pp. 58-59) ¿Y de qué se enteran los encerrados a través de la radio? (p. 62) ¿En qué ocupan su tiempo? (p. 61)

f ¿Qué relación mantienen la señora van Pels y Ana? (p. 58) ¿Qué cambios va experimentando la niña? (pp. 59-61) ¿De qué se queja? (pp. 61 y 63) ¿Cómo evoluciona su relación con Peter? (pp. 63-64)

Durante el año 1943 la situación de los encerrados y de Holanda en general pareció entrar en un momento crítico.

g ¿Qué temor asalta a los encerrados a finales de marzo? (pp. 67-68) ¿Cómo se va deteriorando su situación? (p. 70) ¿Y la relación entre ellos? (p. 74)

La adolescencia también afecta profundamente a Ana, pero ella encuentra consuelo en la escritura de su diario y en Peter.

h ¿Qué cambios experimenta Ana en su cuerpo y en su carácter? (pp. 74 y 78-79) ¿Cómo ve ahora a Peter y qué empieza a sentir por él? (pp. 76, 80 y 86-87)

La relación que mantienen Ana y Peter disgusta a los padres porque la consideran fruto del encierro en que viven.

i ¿Qué conflictos de Ana con sus padres genera este incipiente enamoramiento? (pp. 81 y 87-89) Por lo que se desprende de las discusiones que sostiene con ellos, ¿qué distinta relación tiene la muchacha con el padre y la madre?

j Ana refleja en el diario sus ideas y emociones. ¿Qué deseos expresa la muchacha y qué contradicciones en su personalidad admite? (pp. 89-90)

Si en el interior de la Casa de atrás se complican las cosas, algo parecido sucede en la fábrica.

k ¿Quién es Willem Maaren y qué sospechan de él? (p. 81) ¿Qué ocurre el domingo 11 de abril? (pp. 82-85)

l Por otra parte, ¿qué noticias esperanzadoras provienen del frente de guerra? (pp. 85 y 89-90)

En los campos de concentración

A causa de una denuncia, el 4 de agosto de 1944 la Gestapo descubre el refugio de la Casa de atrás y detiene a los que se han ocultado allí durante dos años así como a algunos de sus protectores.

a ¿Cómo reacciona el sargento de la Gestapo cuando descubre que Otto Frank fue teniente del ejército alemán? (pp. 95-96) ¿Qué hace con el dinero y los objetos de valor de los detenidos? (pp. 96-97) ¿Qué encuentra Miep en el suelo cuando todos se marchan? (p. 100)

Todos los encerrados en la Casa de atrás son detenidos y conducidos al campo de Westerbork, donde padecerán un trato degradante.

b ¿Con qué objetivo se creó Westerbork y en qué lo convirtieron los nazis? (pp. 101-102) ¿A qué se dedican los presos? (pp. 105-106)

Al cabo de un mes de su llegada, los escondidos en la Casa de atrás son trasladados de nuevo, esta vez al campo de Auschwitz.

c ¿En qué condiciones se produce ese viaje? (p. 107) ¿Qué trato reciben todos los presos nada más llegar a Auschwitz? ¿Qué destino le aguarda a más de medio centenar de ellos, incluidos los niños? (p. 110)

Sometidas a durísimas condiciones de vida y de trabajo, Ana y Margot acaban por contraer la sarna y, al cabo de dos meses, son trasladadas al campo de exterminio de Bergen-Belsen.

d ¿Cómo era ese campo de concentración? (p. 112) Ana se encuentra allí con Hanneli. ¿En qué zona del campo está su amiga y qué ha sido de ella los dos últimos años? (p. 112)

e Finalmente, ¿de qué murieron Ana y su hermana Margot? (p. 114) ¿Cuánto tardaron las tropas británicas en liberar el campamento? ¿Cuántos cadáveres sin enterrar encontraron?

Historia de un pueblo desdeñado y perseguido

A Nathan y Lucile Stark
F. A.

Francisco Antón

Un pueblo milenario y tenaz

Los judíos son un pueblo antiquísimo, poco numeroso y disperso por todo el mundo. Desde el siglo I a.C. hasta 1948, fecha en que se proclamó el nuevo Estado de Israel, carecieron de un Estado propio y constituyeron siempre una exigua minoría en todos aquellos países a los que, a lo largo de los siglos, fueron deportados o tuvieron que exiliarse. En el destierro vivieron a menudo oprimidos, pero perseveraron en su fe religiosa y mantuvieron sus costumbres ancestrales. Ese fenómeno de la *diáspora* ('dispersión') es uno de los rasgos más característicos del pueblo judío y explica en parte su viejo anhelo de regresar a la «Tierra Prometida» de Israel.

Durante cientos de años escribieron la Biblia, el libro más influyente de todos los tiempos, y en sus páginas expusieron los preceptos de una religión que, por primera vez en la historia, expresaba la creencia en un solo Dios cuyas decisiones se regían por la justicia. Siglos después esa fe sería compartida por el cristianismo y el islamismo, religiones herederas del judaísmo. Hoy en día, las tres cuartas partes de la población mundial profesan una de esas tres confesiones monoteístas.

La historia del pueblo judío es tan dramática como fascinante. La tragedia del Holocausto, el exterminio sistemático de seis millones de judíos, no es más que el último y más funesto capítulo de una historia plagada de situaciones en las que la pervivencia del pueblo hebreo estu-

Monte Sinaí

vo en peligro. De ese modo, no es arriesgado afirmar que su historia es la crónica de un admirable tesón en la lucha por aferrarse a sus creencias y sobrevivir en las circunstancias más adversas. Buena prueba de ello es el hecho de que el pueblo judío es el único del mundo que, para afianzar su identidad, ha resucitado una lengua muerta como el hebreo hasta convertirla en el idioma oficial de Israel.

Los orígenes del "Pueblo de Dios"

Desde muy antiguo, los judíos han conservado la conciencia de un origen mítico. De sus primeros tiempos poseemos escasos datos procedentes de fuentes históricas, por lo que a menudo hemos de recurrir a la Biblia para saber quiénes los gobernaron, en qué conflictos bélicos se vieron inmersos y en qué consistía su organización social y económica. Sin embargo, es necesario ser muy cautelosos con la veracidad de los hechos narrados en la Biblia, pues las Sagradas Escrituras abundan en episodios y personajes simbólicos, legendarios o semilegendarios.

A la izquierda, ilustración de un manuscrito del siglo xv en que se muestra la circuncisión, ritual que consiste en cortar una parte del prepucio del niño en el octavo día de su nacimiento. A la derecha, José presenta a sus hermanos al Faraón (ilustración de James Tissot).

Los primitivos hebreos fueron unas tribus nómadas que se dedicaban al pastoreo y que acabaron asentándose en Canaán, un territorio fronterizo entre los poderosos imperios de Egipto, al sur, y de Mesopotamia, al noreste. El relato bíblico nos habla del momento fundacional del pueblo israelita cuando el hebreo **Abraham**, nacido en Mesopotamia en torno a los siglos xx-xvii a.C., emigró a Canaán con su tribu para cumplir un mandato divino. Una vez allí, Yahveh estableció una alianza con Abraham según la cual Él había de ser el único dios del gran patriarca y de sus descendientes, que devendrían «una nación grande», «una muchedumbre de pueblos», según el Génesis; como signo de esa alianza, a partir de entonces todos los varones hebreos habrían de ser circuncidados al nacer.

Dos generaciones después, **José**, un nieto de Abraham, fue vendido en Egipto como esclavo a un funcionario del Faraón. En el palacio real, José acabó por convertirse en un cortesano poderoso e influyente que ayudó a sus once hermanos cuando, a causa de una hambruna, todos ellos acudieron a las fértiles tierras bañadas por el Nilo en busca de grano. Los doce hermanos, origen de las **doce tribus de Israel**, prosperaron en Egipto, pero sus descendientes fueron esclavizados.

Aunque tanto Abraham como José son probablemente personajes legendarios, ambos parecen dar cuerpo a hechos históricos: la emigración de los antepasados de los hebreos a una rica encrucijada de caminos como Canaán y, posteriormente, a Egipto, imperio que a partir del siglo XVIII a.C. gozó de una prosperidad económica que atrajo mano de obra de los países vecinos. En todo caso, bien sea como súbditos, bien como esclavos, los hebreos convivieron con los egipcios durante cuatro siglos. Hacia el siglo XIII a.C., el pueblo hebreo quiso liberarse de la esclavitud a la que, según la Biblia, lo habían sometido en Egipto, y emprendió la huida a Canaán bajo el liderazgo de **Moisés**, un personaje tan trascendental para los judíos como el propio Abraham.

En el libro bíblico del Éxodo se refiere que Moisés fue criado en la corte faraónica y que, tras matar a un egipcio que estaba golpeando a un hebreo, se tuvo que exiliar al país de Madián. Mientras pastoreaba las ovejas en las montañas de aquel país presenció una aparición divina que le ordenó que fuera a liberar a los israelitas de la esclavitud y le otorgó el poder de obrar prodigios. Tras regresar a Egipto y enfrentarse con el Faraón, Moisés condujo a su pueblo de vuelta a su tierra de origen. Aunque la Biblia afirma que los fugitivos fueron 600 000, en realidad a duras penas alcanzarían los 5000. Al cabo de unos meses llegaron

En este óleo de Juan Montero de Rojas (1613-1683) se describe el momento en que los hebreos, de camino hacia la Tierra Prometida, cruzan el cauce seco del río Jordán, encabezados por cuatro sacerdotes que portan el Arca de la Alianza.

al monte Sinaí, donde Moisés recibió de Yahveh los Diez Mandamientos y hasta seiscientas leyes y normas morales y religiosas que regulan desde la justicia y la ética a la alimentación y la higiene. Este **pacto** o «**alianza**», que en la tradición judía convirtió a los israelitas en el Pueblo Elegido de Dios, les obligaba a obedecer todos los mandamientos y reafirmaba el carácter monoteísta de su religión. De ese modo, el pueblo de Israel quedaba bajo la protección de Dios, y cualquier desgracia que le aconteciera en adelante sería interpretada como un castigo divino por haber incumplido la ley.

El viaje por el desierto duró unos cuarenta años, pero antes de llegar a la Tierra Prometida, Moisés murió y su lugar fue ocupado por Josué, quien completó la conquista de Canaán y repartió todo su territorio entre las doce tribus israelitas.

De la monarquía al cautiverio

Durante unos 150 años las doce tribus formaron una confederación que acostumbraba a unir sus fuerzas para afrontar a los enemigos pero cuyo vínculo principal era la alianza religiosa en torno a una deidad única. En ocasiones se reunían en asambleas en Silo, el santuario que albergaba el Arca de la Alianza, un cofre que contenía los Diez Mandamientos. Sin abandonar el pastoreo y el nomadismo, los israelitas se dedicaron también a la agricultura y fundaron ciudades. Liderados por caudillos locales conocidos como «Jueces», se defendían con éxito de la hostilidad de otras tribus cananeas pero apenas podían resistir los ataques de los filisteos, un pueblo de procedencia indoeuropea que se había asentado en la costa, poseía un ejército poderoso, manejaba excelentes armas de hierro y utilizaba temibles carros de combate.

Ante el acoso de los filisteos, los israelitas decidieron crear una **monarquía** que uniera a las tribus y escogieron por rey a Saúl, un «joven aventajado y apuesto» de la tribu de Benjamín. Saúl logró repeler en diversas batallas a los filisteos, pero su carácter inseguro, violento y envidioso produjo el rechazo del profeta Samuel, quien lo había ungido rey por mandato divino. Para sustituir a Saúl, Samuel escogió a David, un joven y valiente guerrero que había cobrado fama tras vencer al gigante filisteo Goliat con la sola ayuda de su honda de pastor. **David**, que por entonces era rey de Judea, se aseguró la lealtad de las tribus del norte y

En el óleo de Caravaggio, David corta la cabeza al gigante Goliat tras haberlo vencido con su honda. En su combate desigual, se ha querido ver la lucha de los judíos con pueblos más poderosos. A la derecha, Jeroboam incurre en idolatría al ofrecer sacrificios a un becerro de oro.

hacia el año 1000 a.C. conquistó Jerusalén, ciudad que convirtió en la capital del reino y adonde trasladó el Arca de la Alianza.

Bajo el mandato de David, Israel amplió su territorio, reforzó su poderío militar y alcanzó una gran prosperidad que convirtió su reinado y el de su hijo en la **edad dorada** de la historia de los judíos. A David se atribuye la creación de la estrella de seis puntas compuesta por dos triángulos superpuestos, uno hacia arriba y otro hacia abajo, que representa la unión entre el cielo y la tierra y constituye el símbolo del judaísmo y del Estado de Israel.

Su hijo **Salomón**, que heredó el trono hacia 970 a.C., concentró sus energías en desarrollar el comercio y en construir numerosos edificios públicos, entre ellos un lujoso palacio y el Templo de Jerusalén, santuario destinado a custodiar el Arca de la Alianza que se convertiría en el centro del culto religioso de los judíos. La bonanza económica permitió asimismo el auge de la cultura, pues en aquella época se escribieron el libro bíblico de Samuel y la historia de los orígenes del Estado de Israel. A David, virtuoso arpista y hombre apasionado que amó a muchas mujeres, se le atribuye la composición de algunos de los Salmos de la Biblia. Salomón, conocido como «el Magnífico», fue tenido por un sabio a cuya pluma se deben el libro de los Proverbios y quizá el Cantar de los Cantares, un bellísimo poema amoroso.

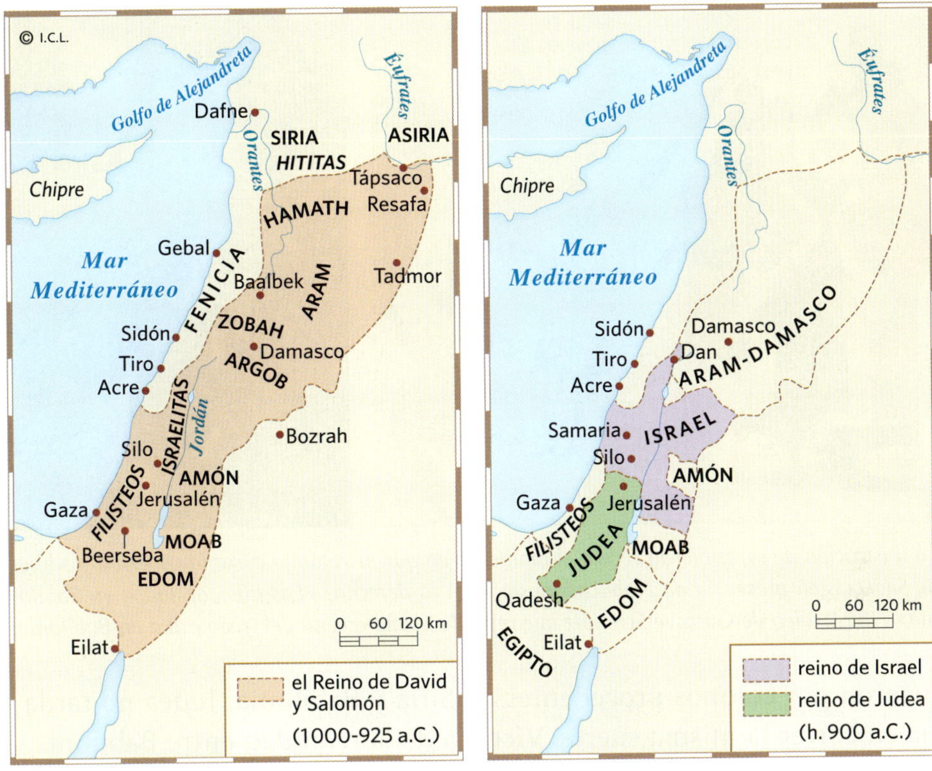

El nuevo país fundado por David y Salomón requería una compleja administración que obligó a la subida de impuestos y a la prestación gratuita de servicios al Estado. Las tribus del norte se negaron a aceptar lo que consideraban un trato abusivo y, recelosos asimismo de la preponderancia de los sacerdotes del Templo, acabaron adorando a deidades de los cananeos. De ahí que, a la muerte de Salomón, el reino se escindiera en dos Estados: al sur, **Judea**, constituida por las tribus de Judá y Benjamín y gobernada por el rey Roboam, hijo de Salomón; al norte, **Israel**, que aglutinaba a las otras diez tribus y a cuyo frente se puso Jeroboam, un antiguo oficial de Salomón que se había rebelado contra su señor.

Como era previsible, el cisma religioso y político debilitó tanto a Israel como a Judea, les hizo perder muchos territorios conquistados y los subordinó al poder de los imperios vecinos, a los que pagaban tributos. Israel sobrevivió con dificultades unos doscientos años, pero en 721 a.C. sucumbió ante el ataque del rey de Asiria Sargón II. Los **asirios** deportaron a buena parte de la población israelita a Mesopotomia y la susti-

La ilustración de la izquierda recrea el momento en que el verdugo corta la cabeza a los hijos de Sedecías en presencia de Nabucodonosor II. A la derecha, «Las hijas de Judea en Babilonia» (1892), óleo de Gustave Schmalz que reproduce una escena del triste exilio en Babilonia.

tuyeron por colonos procedentes de Siria y Babilonia. Judea no tardaría en correr la misma suerte. Víctima de la rivalidad entre Babilonia y Egipto, la nación judía se alió con este último imperio, en aquella época más débil, y pagó trágicamente su error. Después de tres rebeliones sucesivas contra **Babilonia**, en 589 a.C. el rey Nabucodonosor II puso sitio a Jerusalén y, al cabo de año y medio, asaltó la ciudad, la saqueó, le prendió fuego, derruyó sus murallas y ejecutó a buena parte de sus dirigentes. Sedecías, el rey de los judíos, recibió un castigo atroz: Nabucodonosor lo obligó a presenciar la degollación de sus hijos, y a continuación lo cegó y se lo llevó cautivo a Babilonia. Con él fue deportada casi toda la población de Judea, salvo algunos campesinos que permanecieron en el país para cultivar la tierra.

En poco más de un siglo Israel y Judea habían perdido la soberanía y la mayor parte de su población vivía en el exilio, un trauma que reflejan los conmovedores versos del Salmo 137:

> Sentados junto a los ríos de Babilonia,
> llorábamos al acordarnos de Sión ['Jerusalén'].
> Allí, los que nos habían llevado cautivos,
> los que todo nos lo habían arrebatado,
> nos pedían que cantáramos con alegría.

¡Que les cantáramos canciones de Sión!...
¿Cantar nosotros canciones del Señor
en tierra extraña?
¡Si llego a olvidarte, Jerusalén,
que se me seque la mano derecha!

Pese a la dureza del destierro, en Babilonia se trató bien a los judíos y se les permitió que desempeñaran sus oficios y practicaran su fe libremente. Muy lejos de Jerusalén y de su Templo, los eruditos y escribas comenzaron a estudiar, compilar y escribir los cinco primeros libros de la Biblia (la *Torá* o Pentateuco). En el exilio de Babilonia, paradójicamente, se produjo un renacimiento religioso que en adelante determinaría la esencia del judaísmo.

El imperio babilonio, sin embargo, no fue muy duradero. En el año 539 a.C. el emperador de Persia, **Ciro el Grande**, conquistó Babilonia y, un año después, decretó la creación de la provincia de Judea y autorizó a los judíos a que regresaran a su tierra. Muchos de ellos, sin embargo, se habían integrado plenamente en el nuevo país y algunos incluso habían alcanzado cargos relevantes en la corte persa, por lo que decidieron permanecer para siempre en Babilonia. Allí constituyeron la comunidad más antigua e importante de la diáspora, que aún pervive hoy.

El sucesor de Ciro, el emperador Darío, nombró gobernador de Judea al príncipe judío Sesbasar y le ordenó que regresara a su país y reconstruyera el Templo. Pero Jerusalén estaba arrasada, Judea en la miseria, y el nuevo Templo, mucho menos majestuoso que el anterior de Salomón, no se pudo acabar hasta 515 a.C. Durante los dos siglos siguientes los emperadores persas enviaron a Judea a sucesivos gobernadores y profetas, como Nehemías y Esdras, que intentaron revitalizar la provincia y reforzaron los preceptos de su fe religiosa con su autoridad espiritual y sus escritos.

La dominaciones helenística y romana

Emplazada en una zona fronteriza entre grandes imperios, Judea era siempre una fruta apetecida por sus vecinos. En 336 a.C. el jovencísimo rey de Macedonia **Alejandro Magno** se propuso expandir su reino hacia el este y el sur, y en solo diez años conquistó a los persas y creó el mayor

La Biblia, el libro de una nación

La Biblia es un conjunto de libros compuestos por diversos autores a lo largo de varios siglos y cuya versión definitiva se terminó en el siglo I. Los libros originales fueron escritos principalmente en hebreo, pero también en arameo y griego. En hebreo, la Biblia recibe el nombre de **Miqra** ('Lectura') o **Tanaj**, acrónimo formado con las primeras letras hebreas de las tres partes que lo constituyen: *Torá* ('Instrucción'), *Neviim* ('Profetas') y *Ketuvim* ('Escritos'). En ellos se narra la historia del pueblo judío y se reúne un conjunto de leyes, costumbres, ritos y prácticas religiosas que definen la identidad nacional judía y prescriben las normas que rigen su religión.

La **Torá** (en la tradición cristiana, *Pentateuco*) la componen cinco libros: el *Génesis*, que describe el origen del mundo y del género humano y nos habla de los patriarcas; el *Éxodo*, que narra la esclavitud de los hebreos en Egipto y su huida a la Tierra Prometida; el *Levítico*, que contiene un conjunto de leyes religiosas; *Números* continúa el relato de las doce tribus y su vacilante fidelidad a Dios; y *Deuteronomio* recoge la segunda ley que Moisés entregó a su pueblo y concluye con la muerte del profeta. Según la tradición judía, estos libros fueron revelados por Dios a Moisés en el monte Sinaí.

Neviim (*Profetas*) la componen dos clases de libros: la primera parte continúa la narración histórica de la Torá y relata la llegada de los israelitas a Canaán, la época de los «Jueces», la monarquía de Saúl, los reinados de David y Salomón, la posterior división en los reinos de Israel y Judea... La segunda parte contiene las enseñanzas religiosas de los profetas de Israel. Los libros más citados de esta parte son los de *Isaías*, *Jeremías*, *Amós* y *Ezequiel*.

Ketuvim (*Escritos*) es una colección miscelánea de libros escritos en el exilio de Babilonia y que incluyen los *Salmos* (150 poemas religiosos), los *Proverbios* (máximas sobre la conducta moral o religiosa), *Job* (un texto que narra la paciencia con que este personaje soportó el sufrimiento), *El Cantar de los Cantares* (un poema de amor), *Eclesiastés* (una meditación sobre el significado de la vida) y algunas crónicas históricas sobre los reyes de Judea.

Alejandro Magno (izquierda) fue acogido por los judíos como un libertador. A la derecha, Ptolomeo II conversa con varios eruditos judíos en la biblioteca de Alejandría. El monarca ordenó que la Biblia se tradujera al griego. Óleo de Vincenzo Camuccini (1771-1844).

imperio que jamás había conocido la Humanidad. Toda la población judía quedó bajo el dominio griego, tanto la que residía en las diásporas de Babilonia y Egipto, como la de la propia Judea, que cayó sin la menor resistencia en 333 a.C. El saber y la cultura de la civilización helena fascinaron a una parte de los judíos pero despertaron el rechazo y la animadversión de otros.

A la muerte de Alejandro Magno, su imperio se disgregó entre sus generales: Egipto fue a parar a manos de Ptolomeo y Mesopotomia y Siria a las de Seleuco, quienes inauguraron sendas dinastías. La comunidad judía de Egipto quedó tan influida por el **helenismo** que la Torá se tuvo que traducir al griego para que los judíos de Alejandría, que habían adoptado aquella lengua, pudieran leerla. Por su parte, la dinastía seléucida permitió que Judea conservara cierta autonomía y aceptó que los judíos practicaran su religión y sus costumbres, por más que las consideraran «raras». Para los griegos, los judíos era un pueblo de filósofos con una religión utópica y unos usos reprobables, como la circuncisión y las restricciones alimentarias. Con el tiempo, también numerosas familias enriquecidas de Judea y algunos sacerdotes beneficiados por el poder heleno adoptaron la lengua y la cultura griegas, y esa actitud provocó la irritación de los sectores más tradicionales de la nación judía. Para combatir esa amenazante oposición, en 167 a.C. el rey seléucida Antíoco IV atacó Jerusalén, masacró a una parte de sus habitantes y prohibió la práctica del judaísmo. Era la primera vez en la historia que la religión judía era prohibida y perseguida. Para consumar la ofensa, en diciembre Antíoco IV entró en el Templo, sacrificó un cerdo en honor de Zeus y exigió que él mismo fuera venerado como un dios.

El ultraje no quedó sin respuesta. **Judas Macabeo**, hijo de un sacerdote conservador, organizó de inmediato una eficacísima guerra de guerrillas contra los seléucidas hasta que, transcurridos tres años, logró entrar victorioso en Jerusalén y restituir el culto a Yahveh en el Templo, suceso que se conmemora en la fiesta judía del Janucá. Con el apoyo del imperio romano, Judea volvió a recuperar la independencia en 142 a.C. y durante un siglo fue gobernada por la **dinastía de los asmoneos**, descendientes del guerrillero Judas Macabeo.

Aunque provenía de una familia de sacerdotes, aquella dinastía fue víctima de la corrupción, de luchas intestinas por el poder y de la rivalidad entre los saduceos y los fariseos, dos nuevas sectas judías. La primera de ellas estaba vinculada a las altas esferas del poder político y religioso, mientras que los fariseos se proponían devolver al judaísmo a la pureza y los rituales religiosos que se derivaban de la Torá. Tras la muerte de la reina Salomé en 67 a.C., sus dos hijos, Hircano II y Aristóbulo II, se disputaron el trono en una cruenta guerra civil en la que cada uno de ellos fue respaldado respectivamente por los fariseos y los saduceos. En 63 a.C. el general romano **Pompeyo**, que se hallaba de campaña por Asia Menor, se alió con las fuerzas de Hircano II y, al cabo de tres meses de asedio, asaltó Jerusalén. Terminado el combate, en el que murieron más de 12000 judíos, Pompeyo regresó triunfante a Roma con el rey Aristóbulo encadenado, un riquísimo botín y miles de cautivos que, una vez recuperada su libertad, formaron otra destacada comunidad judía en el exilio.

A Hircano II le sucedió en 37 a.C. **Herodes el Grande**, un hombre de una lealtad ciega a Roma que ni siquiera tenía ascendencia judía. Brillante administrador y personaje controvertido, Herodes mantuvo la paz, extendió las fronteras del reino, levantó nuevas ciudades y logró modernizar Judea con sus atinadas medidas económicas y un ambicioso programa de construcción de edificios públicos, del que formó parte la reconstrucción y ampliación del Templo.

Al igual que había sucedido en la época helenística, bajo la **dominación romana** los judíos gozaron en general de algunos privilegios, como la libertad religiosa, la exención del servicio militar, la dispensa de rendir culto al emperador, la autorización para ejercer su propia justicia y recaudar impuestos para el Templo... Pese a permitir esa autonomía, los romanos no apreciaban mucho a los judíos porque se circuncidaban (rito que calificaban de bárbara mutilación), rechazaban muchos alimentos (entre ellos la carne de cerdo, un plato exquisito para los romanos), descansaban el sábado (costumbre que tachaban de perezosa) y despreciaban a los dioses romanos. El historiador Tácito dijo que los judíos parecían «enemigos del género humano» y el emperador Claudio los acusó de «propagar una plaga por todo el mundo».

A la muerte de Herodes las relaciones entre Judea y el imperio romano se agriaron. Los romanos reforzaron su control político de aquella provincia, elevaron los impuestos y aumentaron el número de tropas que, con su amenazante presencia y sus rituales paganos, ofendían a los judíos. La creciente tensión acabó por estallar el año 66 cuando soldados romanos entraron en Jerusalén y masacraron a algunos judíos en el mercado, acción que provocó la inmediata reacción de nacionalistas fanáticos que mataron a más de ocho mil soldados romanos y judíos. Según un historiador de la época, Jerusalén era «un cuerpo descuartizado». En la guerra que se desencadenó a continuación, los romanos se

La destrucción del Templo de Jerusalén es descrita con gran dramatismo en este detalle de un óleo de Francesco Hayez (1791-1882). A la derecha, relieve del arco de Tito, construido el año 82 para celebrar la conquista de Jerusalén y el expolio de su segundo Templo.

aliaron con una facción de los judíos para combatir a los grupos insurrectos, entre los que destacaron los **zelotes**, una banda extremadamente radical y violenta que no dudaba en asesinar a todos los judíos cuya lealtad a la causa independentista flaqueara. Finalmente, el año 70 **el general Tito** asedió Jerusalén durante seis meses y al cabo tomó la ciudad, la saqueó, le prendió fuego, robó los tesoros del Templo y lo destruyó, apresó a los fugitivos y se los llevó como esclavos a Roma.

Sesenta años más tarde, el descontento entre la población judía creció de nuevo cuando el emperador Adriano se propuso reconstruir Jerusalén, cambiarle el nombre por el de Aelia Capitolina y dedicarla a Júpiter. Aquella paganización de la ciudad sagrada era intolerable para un pueblo empobrecido e indignado por prohibiciones religiosas. Al fin, la rebelión estalló en 132 y fue dirigida por **Simón Bar Kojba**, un rabino autoritario e irascible que se autoproclamó «Príncipe de Israel» y acuñó moneda del nuevo Estado independiente. Verdadero genio militar, Bar Kojba no tardó en conquistar toda Judea y obligó a un

El rabino Bar Kojba fundió las monedas de plata romanas para acuñar las suyas, como esta que representa el Templo de Jerusalén y el arca.

amedrentado Adriano a desplazar a la región a una tercera parte de todo el ejército imperial para combatir a los sublevados. Los romanos, en una guerra sucia y sin cuartel, arrasaron cerca de mil poblados y cincuenta ciudades fortificadas. Según testimonios históricos de la época, en la guerra perecieron 580 000 judíos y se produjeron episodios de una crueldad inenarrable, como el asesinato y la quema de todos los niños refugiados en Betar, el último bastión de Bar Kojba.

A la aplastante derrota, siguió la represión. Los romanos deportaron a casi toda la población de Judea y llegaron a esclavizar a tantos judíos que el precio de un esclavo en Roma se devaluó hasta equipararse al de un caballo. El nombre de Judea se cambió por el de Siria-Palestina, con lo que la nueva provincia romana mudaba su antiguo nombre de la tribu de Judá por el de sus viejos enemigos, los filisteos (de *felistim*>Palestina). La nación hebrea había desaparecido y la inmensa mayoría de los judíos vivía en la diáspora. La lección estaba aprendida: si el pueblo judío pretendía sobrevivir, se necesitaban mentes más lúcidas y menos radicales que las de los dirigentes zelotes o la de Bar Kojba.

El judaísmo rabínico en la diáspora

La aniquilación de Judea, la muerte de más de un millón de sus habitantes y la esclavitud de otras decenas de miles constituyeron una verdadera hecatombe para el pueblo judío. Los afortunados que ya vivían en el destierro o los que se exiliaron tras las guerras encontraron en la religión no solo el cimiento de sus creencias sino el lazo que los unía a las demás comunidades en la diáspora. Sin Templo y sin sacerdotes, los judíos forjaron un nuevo tipo de judaísmo popular inspirado en las doctrinas de los fariseos. De ahí nació la figura del **rabino** ('maestro'), una persona que no pertenecía a la antigua clase sacerdotal, que solía vivir del ejercicio de su profesión (carpintero, comerciante, albañil...) pero que era un verdadero estudioso, intérprete y maestro de la Torá. Las enseñanzas de la religión judía iban a basarse a partir de entonces en este **judaísmo rabínico**, que tuvo su mayor exponente en el patriarca Yehudá Hanasí (135-217). Este cultísimo rabino fue el responsable de compilar en un libro, titulado **Mishná**, la larga tradición de leyes orales que estaban basadas en la Torá y que cubrían todos los aspectos de la vida social y religiosa, desde el trabajo de la tierra y el comercio a las

Construida en el siglo III, la sinagoga de Dura Europos (en la actual Siria) es una de las más antiguas del mundo y está decorada con frescos que representan escenas de la Torá.

festividades religiosas o la purificación del cuerpo. La Mishná se amplió posteriormente en el **Talmud**, un tratado monumental que reúne leyes, costumbres, debates filosóficos y éticos, comentarios bíblicos, aforismos... que vienen a configurar una especie de constitución religiosa y civil del pueblo judío. Bajo el tolerante imperio sasánida, los judíos de Babilonia gozaron de suficiente libertad como para fundar academias (*yeshivah*) en las que prestigiosos rabinos pudieron desarrollar y escribir el Talmud. Por otra parte, para rezar y comentar la Torá, los rabinos reunían a los fieles en las **sinagogas** ('casa de asamblea'), lugares de culto que surgieron por vez primera durante el primer exilio de Babilonia en el siglo VI a.C. y que con el tiempo se extendieron por todo el mundo.

La diáspora del pueblo judío coincidió con la progresiva expansión del **cristianismo**, una nueva religión monoteísta que tuvo sus orígenes en el judaísmo pero que acabó por entrar en abierto conflicto con él. Una de las razones para ese enfrentamiento fue la creencia cristiana de que Dios se había encarnado en Jesús, un ser humano, algo que los judíos no podían aceptar. Los judíos, por otra parte, consideraban que los Evangelios los describían como enemigos de la voluntad de Dios y como los responsables de la muerte de Jesús. Por añadidura, el apóstol Pablo predicó que los cristianos no necesitaban circuncidarse, ni obedecer las leyes alimentarias de los judíos, ni celebrar sus festividades; el cris-

El Dios de los judíos y su culto

En el Antiguo Egipto o en Mesopotamia, las gentes solían adorar a multitud de dioses que simbolizaban diferentes fuerzas de la naturaleza o determinados principios, valores o fenómenos como la fertilidad, el amor, el caos, la muerte... Cada uno de ellos recibía un nombre y a menudo era representado en forma humana o semihumana. Se los solía venerar y hacerles sacrificios para conseguir sus favores.

Frente al politeísmo, los hebreos creyeron que el principio de justicia universal residía en un solo Dios omnipotente que había creado el mundo. Ese Dios debía protegerlos y guiarlos. No podía ser representado en ninguna forma ni tenía nombre, aunque Dios mismo se lo reveló a Moisés cuando el profeta le preguntó por su nombre: «Yo soy el que soy». Las primeras letras de las palabras hebreas con que se compone esa enigmática frase (YHWH) es el nombre por el que se menciona a Dios en la Biblia: Yahveh.

Al principio, los patriarcas rezaban a Dios y le ofrecían sacrificios de animales en lugares elevados del terreno. Luego Moisés mandó construir un santuario portátil donde guardó las tablas con los Diez Mandamientos; ese cofre o Arca de la Alianza era objeto de culto porque constituía el símbolo de la presencia de Dios. Los israelitas transportaron el Arca de la Alianza por el desierto y, cuando acampaban, la colocaban en el interior de un tabernáculo. Junto al arca se disponía un altar y la *menorá*, un candelabro de siete brazos que simbolizaban las ramas del saber humano; esa sabiduría se alimentaba de la luz de la verdad divina, representada por la lámpara central.

En el siglo x a.C. Salomón construyó el Templo de Jerusalén en el monte Moriá y colocó en su interior el Arca de la Alianza. A partir de entonces el Templo se convirtió en un lugar de reunión y peregrinaje adonde los fieles acudían para orar, confesarse, alabar o adorar a Dios y mostrarle su agradecimiento, hacerle ofrendas y peticiones... En distintas dependencias del Templo se guardaba el oro, la plata y las riquezas que los creyentes ofrendaban a Dios. No es difícil imaginar la terrible afrenta que supuso para los judíos que saquearan y destruyeran el Templo, su único santuario sagrado.

A la izquierda, el emperador de Bizancio Constantino el Grande, quien mandó construir las primeras iglesias cristianas. A la derecha, ilustración donde se muestra a Mahoma tendido en el suelo y asistido por su suegro Abu Bakr, que se convirtió en califa a la muerte del profeta.

tianismo, añadía el apóstol, era heredero del «verdadero Israel», y las Sagradas Escrituras prefiguraban el advenimiento de Jesucristo. Todas esas ideas, como es natural, acabaron por provocar el cisma entre la vieja religión judía y el emergente cristianismo.

Los cristianos fueron perseguidos y martirizados por los romanos durante los tres primeros siglos de nuestra era, pero la situación cambió radicalmente cuando en 313 el emperador Constantino legalizó el cristianismo y comenzó a promulgar leyes que restringían los derechos religiosos y civiles de los judíos, a los que se presionó paulatinamente para que se convirtieran a la nueva religión.

La Edad Media

Bajo el Islam

En el siglo VII la Historia dio un vuelco inesperado que cambió el destino de Oriente Medio y de los judíos. El año 610 Mahoma, un mercader árabe nacido en la Meca y de carácter reflexivo, tuvo numerosas visiones en las que el arcángel Gabriel le reveló que había un solo Dios y le encomendó que luchara contra la idolatría. Tras fundar la religión islámica y conseguir multitud de seguidores, Mahoma combatió a sus oponentes paganos y, en apenas un siglo, el ejército islámico logró conquistar Arabia, el antiguo imperio persa, todo el norte de África y la península Ibérica. El Islam había forjado un vasto y poderoso imperio unido por la religión y la lengua árabe.

Los musulmanes respetaron a judíos y cristianos porque eran monoteístas como ellos y compartían las Sagradas Escrituras; de ahí que a los creyentes de las religiones hermanas los llamaran «Gentes del Libro» y los consideraran «poblaciones protegidas» (*dhimmis*). En aplicación del Pacto de Omar, los gobernantes islámicos garantizaban la protección y la seguridad de los *dhimmis*, los eximían del servicio militar y les concedían autonomía judicial a cambio de que pagaran unos impuestos especiales y respetaran una serie de normas y restricciones. De ese modo, no podían construir nuevas iglesias o sinagogas ni intentar convertir a un musulmán; tampoco podían poseer armas, vestir, peinarse o cabalgar de modo semejante a los musulmanes ni venderles bebidas alcohólicas... Estaban autorizados a practicar su religión, pero debían ser muy discretos y respetar escrupulosamente a los mahometanos.

En general, los judíos prosperaron bajo la dominación islámica porque los musulmanes necesitaban mercaderes, artesanos y prestamistas que contribuyeran a la floreciente expansión del comercio por todo el Mediterráneo. Por otra parte, los mahometanos no tenían razón alguna para temer a los judíos, dado que estos, a diferencia de los cristianos, carecían de identidad política o Estado y en consecuencia no constituían ninguna amenaza para ellos. Muchos judíos se sintieron atraídos por la cultura islámica y acabaron adoptando la lengua árabe. Ese fue el caso del egipcio **Saadías ben Yosef** (882-942), quien tradujo la Biblia al árabe y escribió el primer tratado teológico judío, *Libro de creencias y opiniones*, una obra que combatía el sectarismo de ciertos rabinos y que ejerció un influjo notable en el judaísmo durante la Edad Media.

En la **España musulmana** numerosos judíos alcanzaron una posición prominente en la sociedad y en la corte. Uno de los más famosos fue **Samuel ibn Nagrella** (993-1056), político y escritor cordobés que, gracias a su sabiduría, su diplomacia y su encanto personal llegó a ser visir ('primer ministro') del rey bereber de Granada y, en ocasiones, verdadero gobernante de este reino. Más notoriedad logró el también cor-

Moses Maimónides (a la izquierda) fue el filósofo judío más reconocido de la Edad Media. A la derecha, manuscrito de su obra más famosa, «Guía de los perplejos». En la miniatura se representa a Aristóteles, filósofo que influyó decisivamente a Maimónides.

dobés **Maimónides** (1135-1204), teólogo y médico que nació en el seno de una familia de rabinos. La intolerancia y persecución de los almohades, una secta islámica extremista, obligó a su familia a emigrar a distintos lugares hasta que recaló finalmente en El Cairo, ciudad donde Maimónides sirvió como médico al sultán Saladino y a su hijo. Sus profundos conocimientos filosóficos, científicos y médicos le proporcionaron un prestigio extraordinario tanto en el mundo islámico como en el cristiano. Fue autor de diversos tratados sobre medicina, sobre los textos de la Mishná y sobre filosofía, tema que centra su celebrada *Guía de los perplejos*, una obra escrita en árabe y cuyo objetivo era demostrar que la religión judía tiene un fundamento racional y filosófico.

En los reinos cristianos. Cruzadas y libelos de sangre

Al igual que habían hecho los musulmanes, el emperador Carlomagno (h. 742-814) y sus sucesores animaron a los judíos a emigrar a los territorios de su imperio con el objeto de estimular el comercio y los negocios, dadas las conexiones mercantiles que los judíos tenían por todo el

Mediterráneo. Muchos de ellos se asentaron en Europa central, una región que en hebreo se denominaba *Ashkenaz*, por lo que aquellos judíos y sus descendientes recibieron el nombre de asquenazíes.

En los reinos cristianos, los judíos dependían directamente de los reyes, obispos y nobles a los que servían. A cambio de ese estatus privilegiado, los judíos pagaban elevados impuestos a la corona y algunos de ellos, los más acaudalados, contribuían a financiarla. Esa era una condición anómala que los distinguía social y económicamente del resto de la población, lo que a menudo les hizo objeto de la antipatía cuando no del odio de la gente.

Durante dos siglos, las relaciones entre cristianos y judíos no fueron particularmente conflictivas, pero en noviembre de 1095 el papa Urbano II predicó un sermón en el que incitaba a la cristiandad a recuperar Tierra Santa de manos de los musulmanes y proclamó una **cruzada**. Cuando en la primavera del año siguiente las tropas cristianas emprendieron la marcha hacia Palestina, muchos de los caballeros, soldados y campesinos que formaban parte de aquel ejército heterogéneo pensaron que en sus propias tierras había también infieles a los que combatir, y comenzaron a masacrar a casi todas las comunidades judías que

De camino a la Cruzada, el conde Emicho de Leiningen recaló en la ciudad alemana de Speyer y se alió con algunos ciudadanos y campesinos para masacrar a los judíos de la población. Al enterarse de que habían matado ya a once de ellos, el obispo Johann hizo frente a los asesinos, los castigó severamente y acogió en su palacio a los judíos hasta que cedió el peligro.

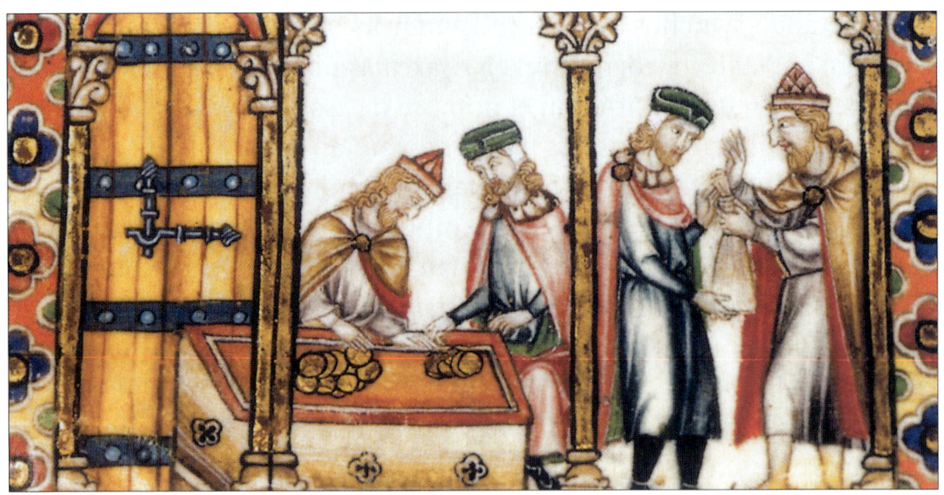

En esta miniatura de las Cantigas de Santa María (siglo XIII) se representa a unos judíos con narices aguileñas y sombreros apuntados ejerciendo su oficio de prestamistas.

encontraban a su paso. De poco sirvió que el papa, los obispos y la nobleza reafirmaran que los judíos estaban bajo su protección: cuando no eran saqueados y asesinados, los mismos judíos se suicidaban para no ser víctimas de los soldados y de las masas, o bien se convertían forzosamente al cristianismo para evitar la muerte.

A partir de entonces, la inquina contra los judíos fue en aumento. Ya no se trataba tan solo de censurar su religión, sino de denigrar uno de los oficios que algunos judíos ejercían: el de **prestamistas**. La Iglesia prohibía que los cristianos prestaran dinero con intereses, pero la monarquía, la nobleza e incluso el ciudadano de a pie necesitaban a menudo recursos económicos, de modo que el negocio de la banca siguió subsistiendo pero quedó en manos de los judíos. Cuando el préstamo no se podía devolver, el judío se convertía en un personaje maligno. Naturalmente, si el deudor insolvente era el rey o un noble, estos siempre disponían de un remedio fácil: negarse a devolver el préstamo y, en el caso de los monarcas, confiscar además los bienes de todos los judíos y expulsarlos del país, tal y como hicieron los reyes de Francia Felipe II y Felipe el Hermoso en 1182 y en 1306 respectivamente.

El aborrecimiento a los judíos se alimentaba asimismo de la ignorancia, el miedo o la superstición del pueblo. Para mucha gente inculta, los judíos no solo tenían raras costumbres y oficiaban extraños ritos religiosos, sino que también practicaban la magia negra. Corrían rumo-

En la Pascua judía de 1475 las tres únicas familias judías de Trento (Italia) fueron acusadas de matar a un niño de dos años llamado Simón para extraerle la sangre y utilizarla para sus rituales. Tras ser detenidos y torturados salvajemente, todos los judíos se confesaron culpables del delito y los hombres fueron quemados en la hoguera. Ilustración del supuesto asesinato del niño publicada en las «Crónicas de Núremberg», de Hartmann Schedel (1493).

res de que robaban **hostias consagradas** para profanarlas, clavándoles un cuchillo hasta que sangraban, o metiéndolas en agua hirviendo hasta que se convertían en un niño; según sus difamadores, esas inverosímiles fechorías demostraban la naturaleza sobrenatural y divina de la hostia consagrada. Se les acusaba asimismo de asesinar a niños cristianos para utilizar su sangre en rituales mágicos o en la elaboración de la *matzá*, el pan sin levadura consumido en la Pascua judía. Es lo que se dio en llamar el «**libelo de sangre**». La primera de estas falsas imputaciones se hizo en 1114 a los judíos de la población inglesa de Norwich cuando se les inculpó de haber secuestrado y torturado a un niño de doce años el Viernes Santo. Con posterioridad, se llegaron a denunciar más de 150 casos semejantes en diversas poblaciones como Blois (1171), Viena (1181), Zaragoza (1182), Munich (1286), Trento (1475)..., y algu-

En este manuscrito miniado se representa a unos judíos condenados a la hoguera durante el reinado del rey francés Felipe IV (1316-1322), que presencia la escena.

nos de ellos se saldaron con el ajusticiamiento de judíos, que a menudo se llevaba a cabo atando a las víctimas a una estaca y quemándolas vivas. En 1249 el papa Inocencio IV condenó el libelo de sangre, pero los frailes dominicos y los franciscanos no cesaban de incitar al odio contra los judíos porque estos «habían crucificado a Jesucristo».

Para el populacho, los judíos eran el origen de muchos males y, por ello, víctimas propiciatorias de sus fobias y de su ira. Entre 1346 y 1361 la **peste negra** asoló Europa y exterminó a casi la mitad de la población. El causante de la pandemia fue una bacteria transmitida por unas pulgas, pero los judíos fueron acusados de haber envenenado los pozos de agua con el objeto de desencadenar la plaga. Alarmado por tanta sinrazón, el papa Clemente VI argumentó en defensa de los judíos que ellos caían víctimas de la peste bubónica al igual que los cristianos, pero aquel razonamiento no consiguió aplacar los ánimos vengativos de las multitudes, que asesinaron a miles de judíos. Muchos de ellos fueron condenados a la hoguera tras haber confesado sus supuestos delitos en crueles sesiones de tortura.

Pese a la protección que la nobleza y la Iglesia dispensaban a la comunidad judía, el papado restringió sus derechos con el propósito de castigar su «obcecación en el error» y su «perfidia» al negarse a admitir que Jesucristo era el verdadero Mesías. Estaba prohibido que los judíos desempeñaran cargos públicos, que tuvieran siervos cristianos o que simplemente reprendieran a un cristiano. Desde el año 535, los matrimonios mixtos entre miembros de una y otra religión estaban totalmente prohibidos; y para que no se produjera ninguna confusión, a partir del Cuarto Concilio de Letrán (1215) los judíos fueron obligados a **vestir ropas diferentes** o a **portar signos distintivos** que, al señalarlos ignominiosamente, los convertían en auténticos parias de la sociedad.

En la Edad Media, la cultura popular contribuyó decisivamente a conformar el denigrante **estereotipo del judío**, al que se consideraba sucio, maloliente, avaro, cobarde, astuto, engañador sutil... Esta figuración sicológica se completaba con una caracterización física caricaturesca; de ese modo, se les solía representar con la nariz prominente y ganchuda, la barba larga, la sonrisa sardónica, la mirada malévola... En la literatura y el refranero castellanos de la Edad Media proliferan las referencias a las cualidades perversas de los judíos, en especial a su avaricia: «Al judío dadle un palmo y tomará cuatro»; «Judío: poca vergüenza, poca conciencia y mucha diligencia [con el dinero]».

En los reinos cristianos de Castilla y Aragón

El acoso de que fueron víctimas los judíos en los países europeos, de donde acabaron por ser expulsados, unido a la persecución a que los sometieron los almorávides y almohades en la España musulmana, convirtieron los reinos de Castilla y Aragón en un refugio para los judíos en la Edad Media. La tolerancia de los monarcas castellano-leoneses y la convivencia entre las tres religiones y culturas que caracterizó sus reinados posibilitaron que en el siglo XII se fundara la **Escuela de Traductores de Toledo**, una institución que se ocupó de traducir textos filosóficos y científicos greco-latinos de la lengua árabe en que se conservaban al castellano y al latín. En esa labor desempeñaron un papel fundamental numerosos escritores judíos como Yehuda Ben Moshe o judeoconversos como Juan Hispalense. La actividad de este grupo de autores contribuyó decisivamente a difundir por toda Europa conocimientos de la Antigüedad clásica que se habían relegado al olvido.

En el código legal de las Siete Partidas (1265), el rey de Castilla y León **Alfonso X el Sabio** admitió que se practicara el judaísmo, per-

Esta escultura de una mujer con los ojos vendados y portando una lanza rota se titula «Sinagoga» y simboliza la 'ceguera' de los judíos que se resisten a aceptar la 'verdad' del cristianismo.

A la izquierda, miniatura donde se representa al rey de Castilla y León Alfonso X el Sabio, en una edición iluminada de «El libro del ajedrez, dados y tablas» (1283). A la derecha, supuesto retrato del rey de Aragón Jaime I, atribuido a Jaume Mateu i Gonçal Peris (siglo xv).

mitió la construcción de nuevas sinagogas, ordenó que no se molestara a los judíos el día de su descanso semanal (el *sabbat*), prohibió que se les atacara o se les robara bajo una pena que doblaba el daño causado, e instó a convertirlos al cristianismo mediante palabras amables, buenas obras y las enseñanzas de las Sagradas Escrituras. Sin embargo, aquella legislación benévola prohibía que judíos y cristianos compartieran la mesa o los baños públicos, obligaba a los judíos a cubrirse la cabeza con algún signo distintivo y condenaba a la pena capital al judío que mantuviera relaciones sexuales con una cristiana.

El rey **Jaime I de Aragón** y sus sucesores invitaron a los judíos a que se radicaran en sus territorios por razones económicas. Considerados por el monarca como su «cofre y tesoro», los judíos que vivían o se afincaron en la Corona de Aragón contribuyeron de forma decisiva a las finanzas reales y ejercieron de recaudadores de impuestos, diplomáticos, comerciantes, médicos... Su lealtad insobornable a la corona los hizo especialmente idóneos para la colonización de Mallorca y Valencia, recién conquistadas. No es de extrañar, pues, que los reyes les concedieran toda una serie de privilegios legales y económicos y que les garantizaran una amplia autonomía, así como el respeto a su fe religiosa, sus leyes y sus costumbres.

Pese al firme apoyo que brindaba a la comunidad judía, Jaime I no siempre pudo sustraerse a las presiones que la Iglesia ejercía para denunciar los «errores» de los judíos y lograr que estos se convirtieran al cristianismo. Algunos de los principales motivos de conflicto entre las dos religiones hermanas eran los siguientes: ¿Había un solo Dios, o formaba Dios parte de una Santísima Trinidad? ¿Podía Jesús ser hombre y Dios a la vez? ¿Había llegado ya el Mesías prometido, como aseguraban los cristianos? ¿Estaban vigentes las leyes de Moisés, o habían quedado superadas por el advenimiento del cristianismo? ¿Podía interpretarse la diáspora de los judíos como un castigo por el deicidio que cometieron, o más bien debía atribuirse a causas solo conocidas por Dios? Para dirimir esas y otras cuestiones, en 1263 las órdenes mendicantes organizaron en el palacio barcelonés de Jaime I una **disputa** entre el rabino de Gerona Bonastruc Saporta —conocido como Nahmánides— y el fraile dominico Pablo Cristiano, un judío que se había convertido al cristianismo. El sabio rabino pudo expresar con absoluta libertad una serie de sólidos argumentos que merecieron la felicitación del propio rey. Pero aquella disputa —como la celebrada en Tortosa siglo y medio después— se había concebido en realidad como un juicio al judaísmo, y el resultado no debió satisfacer a los dominicos, que agitaron a las masas y denunciaron ante las autoridades los ataques de Saporta contra el cristianismo. A consecuencia de ello, el rabino fue condenado al exilio y, atemorizado, en 1267 emigró a Palestina.

Graves revueltas contra los judíos. La expulsión de España

La animadversión del pueblo hacia los judíos propició que, en la guerra civil (1366-1369) entre Pedro I el Cruel y su hermanastro Enrique II, las tropas mercenarias inglesas y francesas de este último saquearan la judería de Toledo y masacraran a sus habitantes. Con ese ataque y otros posteriores Enrique II castigaba a una comunidad religiosa que había apoyado a su hermano y se ganaba las simpatías de un amplio sector de la población, que aborrecía a los judíos.

Esta inquina fue explotada **en 1391** por el arcediano de Écija Fernando Martínez, quien, con sus predicaciones furibundamente antisemitas, alentó en Sevilla una revuelta popular en la que las turbas mataron a centenares de judíos y obligaron a convertirse a otros tantos. Muchas mujeres y niños —viudas y huérfanos de los asesinados— fueron vendidos como esclavos a los musulmanes. Dos días después, el 8 de junio, los ataques se extendieron a la judería de Córdoba. El populacho saqueó durante tres días casas y sinagogas y asesinó a quienes intentaron defender sus propiedades. Al igual que en Sevilla, los supervivientes fueron obligados a convertirse al cristianismo. La fiebre antisemita se contagió diez días después a Toledo y el 5 de agosto a Barcelona, con similares resultados. Los asesinos, que nunca fueron detenidos, actuaban movidos tanto por el celo religioso como por sus ansias de robar a sus víctimas. Algunas familias judías supervivientes, para no quedar tan expuestas a los desmanes de los cristianos, abandonaron las ciudades y se fueron a vivir a los pueblos.

A consecuencia de las masacres de 1391, casi la mitad de los judíos de Castilla y Aragón se bautizó, un fenómeno sin precedentes en la historia del pueblo judío. Muchos de aquellos **conversos** o «cristianos nuevos», como se les denominó, se convirtieron a la nueva fe de corazón, como el escritor y rabino de Burgos Salomón Haleví, que con el nombre de Pablo de Santa María acabó siendo obispo de la misma ciudad, o su amigo el médico y también rabino Joshua al-Lorqui, quien adoptó el nombre de Jerónimo de Santa Fe y en 1413 defendió el cristianismo con gran ardor y convicción en la disputa de Tortosa. Otros, sin embargo, aceptaron bautizarse por mera supervivencia pero siguieron practicando los ritos de su antigua fe religiosa en la clandestinidad; a estos se los llamó despectivamente *marranos*.

Los conversos podían desempeñar cargos en la corte o en la Iglesia y ejercer otra serie de oficios a los que, con su antigua condición de judíos, no habían tenido acceso, y muchos de ellos lograron prosperar. El ascenso social de los judeoconversos provocó los recelos de los «cristianos viejos», personas cuyos antepasados habían sido cristianos desde tiempos inmemoriales. Estos empezaron a considerar que buena parte de los conversos eran sospechosos de «judaizar», esto es, de continuar practicando su antigua religión a escondidas. En 1475 el dominico fray Alonso de Ojeda denunció multitud de casos de criptojudíos en la ciudad de Sevilla, y para perseguir a aquellos falsos cristianos, en 1480 los Reyes Católicos aceptaron instaurar en España la Inquisición.

A la izquierda, la Sinagoga Mayor de Toledo (s. xiii). Tras las matanzas de 1391, fue converti-
da en la Iglesia de Santa María la Blanca. A la derecha, «Auto de fe presidido por Santo Do-
mingo de Guzmán» (h. 1499), de Pedro Berruguete. En este óleo vemos a dos reos desnudos
en el quemadero y a otros dos tocados con coroza y conducidos a la hoguera por un dominico.

El tribunal de la **Inquisición** lo había creado el papa Gregorio IX en 1231 para investigar y reprimir a herejes que, como los albigenses y los valdenses, cuestionaban verdades admitidas por la Iglesia o su propia autoridad. El objetivo de la Inquisición no eran pues los judíos, sino los herejes o los falsos cristianos. Para conseguir que los acusados confesaran, a menudo se los sometía a tortura; si acababan por admitir su culpabilidad, se les obligaba a denunciar a parientes o amistades. Los convictos y confesos que se negaban a arrepentirse eran quemados vivos en la plaza pública. A aquellos que se retractaban, se les aplicaban penas denigrantes y a menudo se los reducía a la miseria.

Los Reyes Católicos habían protegido siempre a la comunidad judía. Isabel I había declarado en una carta de 1477 que «todos los judíos de mis reinos son míos y están bajo mi protección y amparo y a mí pertenece defenderlos». Pero, según los Inquisidores, muchos conversos seguían manteniendo el contacto con los judíos, y esta relación los inducía a perseverar en sus antiguas prácticas religiosas. Para evitar ese «contagio», los reyes impusieron a los judíos el uso de un círculo ama-

Isaac Abravanel ofreció mucho dinero a los Reyes Católicos para que no expulsaran a los judíos. Según una leyenda, el Inquisidor General irrumpió en la Sala de Audiencias, señaló un crucifijo y acusó al rey Fernando de vender a Jesucristo por treinta mil monedas al igual que Judas lo había hecho por treinta. Este óleo (1889) de Emilio Sala reproduce dicha escena.

rillo adosado al hombro que los identificara y los recluyeron en sus aljamas o juderías, que fueron amuralladas para evitar los «daños» que provocaba «vivir y morar y estar los judíos entre los cristianos». Con la adopción de esas medidas y la actividad vigilante de la Inquisición los reyes pretendían solucionar el problema de los conversos y forzar a que los judíos acabaran por convertirse.

La situación, sin embargo, no mejoró, y el 31 de marzo de 1492, tres meses después de la conquista de Granada, los reyes decidieron expulsar a los judíos de España, tal y como habían hecho previamente otros países europeos. El **decreto de expulsión**, esbozado por el Inquisidor General Tomás de Torquemada, un dominico descendiente de conversos, urgía a que todos los judíos se marcharan del país en el plazo máximo de cuatro meses, durante los cuales se vieron obligados a malvender

Los judíos obligados a exiliarse no podían llevar consigo monedas de oro o plata, armas ni caballos. En este detalle del óleo «La expulsión de los judíos de Sevilla», de Joaquín Turina Areal, se nos muestra el drama de aquella deportación.

sus propiedades. Hubo quienes prefirieron bautizarse antes que tener que abandonar su patria; entre ellos figuraban casi todos los rabinos y los judíos más ricos y cultos de España, como Abraham Seneor, el recaudador mayor del reino. Una honrosísima excepción fue Isaac Abravanel, teólogo y financiero de los reyes que, tras intentar convencerles en vano de que no firmaran el decreto, utilizó buena parte de sus recursos para contratar centenares de barcos que pudieran trasladar a los deportados a otros países. Un testimonio de la época nos describe con patetismo las caravanas de judíos de camino hacia los puertos de embarque:

> Salieron de las tierras de sus nacimientos chicos y grandes, viejos y niños, a pie y caballeros en asnos y otras bestias [...]; iban por los caminos y campos [...] con muchos trabajos y fortunas; unos cayendo, otros levantando, otros muriendo, otros naciendo, otros enfermando, que no había cristiano que no hubiese dolor de ellos, y siempre por donde iban los convidaban al bautismo, y algunos, con la cuita ['aflicción'], se convertían y quedaban, pero muy pocos.

Se calcula que el número de judíos exiliados osciló entre los 70 000 y los 100 000, aunque muchos de ellos regresaron a España, se convirtieron al cristianismo y recuperaron sus bienes al mismo precio que los habían vendido. Unos emigraron a Portugal, desde donde acabaron

siendo deportados, otros a Marruecos, país en el que fueron maltratados y desvalijados aun por sus propios correligionarios, y muchos otros se trasladaron al Imperio Otomano, donde fueron muy bien recibidos.

Dado que en la Biblia se menciona la península Ibérica con el nombre hebreo de Sefarad, los judíos deportados por los reyes Isabel y Fernando se llamaron a sí mismos *sefardíes* o *sefarditas*, y allá donde fueron conservaron durante siglos, con nostalgia y orgullo, la lengua de sus antepasados, el castellano medieval. Una vez más, sin embargo, una comunidad judía, la más brillante y numerosa de la época, había tenido que emigrar y se había dispersado por todo el Mediterráneo.

En busca del reconocimiento y la integración social

Súbditos del Imperio Otomano

El Imperio Otomano contaba con un poderoso ejército y una riquísima economía agrícola, pero carecía de una buena red comercial, de contactos internacionales y de funcionarios con amplios conocimientos lingüísticos; no es de extrañar, pues, que el sultán Bayaceto II recibiera con los brazos abiertos a los judíos españoles exiliados y acudiera a darles la bienvenida en persona al puerto de Estambul.

En su óleo «Familia de 'marranos'» (h. 1870), Édouard Moyse retrata el miedo a la persecución que padecieron los judeoconversos que no renunciaron a su fe religiosa.

De los más de 50 000 sefardíes llegados al Imperio Otomano, la mayoría se instaló en Estambul, Esmirna y Salónica. En estas ciudades recibieron la generosa ayuda de sus correligionarios turcos, quienes quedaron deslumbrados por la superioridad cultural de los judeoespañoles y su moderna orientación religiosa. Los sefardíes de Salónica, que llegaron a constituir el 65% de su población total, se dedicaron al comercio internacional, a la joyería y al teñido de seda y lana. En aquella ciudad de origen griego fundaron la primera imprenta del Imperio Otomano y publicaron una Biblia trilingüe en hebreo, judeoespañol y griego. Hacia mediados del siglo xvi muchos sefardíes habían alcanzado en Turquía puestos de gran prestigio social tales como los de financieros, médicos, diplomáticos, cortesanos…, y muchos de ellos se enriquecieron. Entre los sefardíes más memorables cabe mencionar a la acaudalada **Gracia Nasi** (h. 1510-1569), que contribuyó a financiar al emperador Carlos V, al rey de Francia Francisco I y al sultán Solimán el Magnífico. Mujer comprometida con el judaísmo, Nasi ayudó a los judeoconversos o *marranos* a burlar la Inquisición y patrocinó a eruditos judíos y a

Las lenguas de los judíos

La primera lengua hablada por los judíos fue el hebreo, idioma en el que se escribió casi toda la Biblia, excepto algunas partes de los libros de Daniel y Esdras, que se compusieron en arameo. El hebreo y el arameo antiguos eran lenguas semíticas que guardaban muchas similitudes entre sí. El **arameo antiguo** tenía diversas formas dialectales que se hablaban en los territorios de las actuales Siria e Irak. Fue el idioma de los Imperios Asirio y Persa, una lengua franca en la que se entendían los habitantes de toda la región y que los israelitas adoptaron en el exilio de Babilonia (586 a.C). Cuando algunos de ellos regresaron a Jerusalén en 516 a.C., el arameo se convirtió paulatinamente en la lengua hablada de los judíos, salvo de aquellos que habitaban en Judea, quienes seguían utilizando el hebreo. En todo caso, en el siglo I el arameo era la lengua coloquial de la mayoría de judíos, y fue la que probablemente habló Jesús juntamente con el hebreo.

Hacia el siglo II el **hebreo** dejó de ser una lengua hablada y quedó reservada para los textos sagrados, para el culto y como medio de expresión escrita y literaria. En un hebreo evolucionado se escribieron, por ejemplo, la Mishná y el Talmud. No obstante, con el surgimiento en el siglo XIX del sionismo, movimiento que pretendía crear una patria judía en territorio palestino, el lexicógrafo lituano-judío Eliezer Ben-Yehudá (1858-1922) se propuso resucitar el hebreo como lengua hablada. Su intención era que el idioma de sus antepasados sirviera de elemento de unión para aquellos judíos que, procedentes de distintos países y hablantes de lenguas diferentes, emigraran a Palestina y constituyeran un nuevo país. Ben-Yehudá escribió un monumental diccionario de hebreo antiguo y moderno en diecisiete volúmenes y, para demostrar la viabilidad de su proyecto, decidió hablarle a su hijo solo en hebreo, convirtiéndolo de ese modo en el primer hablante nativo de la lengua hebrea moderna. Su idea acabó triunfando, y hoy en día el hebreo es el idioma oficial de Israel, hablado por ocho millones de personas.

A lo largo de los siglos, los judíos exiliados solían adoptar la lengua de los países en que vivían, aunque le imprimieran un sesgo particular. Los casos más relevantes fueron los del judeoespañol y el del yidis.

El **judeoespañol**, conocido también como *ladino o judezmo*, es el idioma que hablaron los judíos en el reino de Castilla, de donde procedía la mayor parte de los expulsados de España en 1492. El ladino era español bajomedieval contaminado de términos religiosos hebreos y arameos, así como de palabras astur-leonesas, catalanas o aragonesas. En la diáspora, se contagió también de vocablos turcos, griegos y árabes. Escrita hasta el siglo pasado con caracteres hebreos, la lengua materna de los **sefardíes** evolucionó muy poco debido a la lejanía de España y al aislamiento y la endogamia de las comunidades sefardíes. Tiene por ello un fuerte sabor arcaico. El número de sus hablantes disminuyó radicalmente a causa de los nacionalismos del siglo xix y del Holocausto. Actualmente lo hablan todavía unas 80 000 personas en diversos países, sobre todo en Israel. En febrero de 2018 se fundó la Akademia Nasionala del Ladino, y esta Academia se agregó en 2019 a la Asociación de Academias de la Lengua Española.

Al igual que los sefardíes, los judíos **asquenazíes** llevaron consigo su idioma a los países adonde emigraron. Su lengua, el **yidis**, era un dialecto del alemán medieval que tenía algunos vocablos y rasgos fonológicos de las lenguas romances, y, al igual que el ladino, términos procedentes del hebreo y el arameo. Cuando a partir del siglo xv los asquenazíes se trasladaron el este de Europa, el yidis se contaminó de numerosas palabras eslavas y se fue distinguiendo cada vez más del alemán. Se escribía, como el ladino, con caracteres hebreos. En el siglo xix llegó a tener unos doce millones de hablantes, por lo que era la lengua mayoritaria de toda la población judía del mundo. El 85% de los judíos aniquilados durante el Holocausto eran hablantes de yidis. Era básicamente un idioma coloquial, con escaso cultivo literario, que perdió relevancia a causa del exterminio pero también porque, con el paso del tiempo, los judíos cultos tendieron a adoptar las lenguas oficiales de los países donde vivían, bien fuera el polaco, el ruso o, tras la emigración a Estados Unidos, el inglés.

instituciones religiosas judías. Otro distinguido sefardí fue el toledano Joseph Caro (1488-1575), un rabino místico que escribió una compilación de leyes religiosas que todavía hoy es muy reconocida entre los judíos ortodoxos.

Los asquenazíes emigran al este de Europa

Víctimas también del rechazo o de la expulsión, los judíos del oeste de Europa, o **asquenazíes**, emigraron masivamente a Polonia a principios del siglo xv. Polonia era en aquella época una potencia europea con una vastísima extensión y una economía basada en la agricultura, pero carecía de suficiente mano de obra. Sus monarcas, muy tolerantes, ofrecieron a los judíos una serie de privilegios para que se instalaran en el país y les permitieron conservar su religión, sus costumbres y su lengua, un dialecto del alemán medieval denominado *yidis*.

Los judíos se diseminaron por el territorio polaco y desempeñaron toda clase de oficios, como los de mercader, artesano, recaudador de impuestos o capataz de las haciendas de los nobles. A lo largo de siglo y medio la comunidad judía creció prodigiosamente y vivió una etapa de prosperidad, pero en 1648 los cosacos ucranianos se rebelaron contra el poder de los polacos y durante siete años cometieron un sinfín de atrocidades y masacres, a consecuencia de las cuales la población judía se redujo considerablemente.

Un siglo después, una parte del territorio de Polonia se repartió entre Prusia, Austria y Rusia, con el resultado de que la mayoría de los judíos de la época se convirtieron en súbditos del Imperio Ruso. Los zares les prohibieron salir de los territorios en que vivían, denominados por su gobierno «Zona de Asentamiento», y pasado el tiempo establecieron una cuota de jóvenes judíos que debían ingresar en el ejército a partir de los doce años, en lugar de a los dieciocho, edad a la que se incorporaban los rusos.

A lo largo del siglo xix intentaron también asimilarlos a la sociedad cristiana a través de la educación, pero algunos judíos se opusieron al considerar que aquella integración podía

La Emperatriz rusa Catalina la Grande creó en 1791 la Zona de Asentamiento para impedir que la población judía se mezclara con la rusa. En su decisión pesaron razones económicas, políticas y religiosas.

A la izquierda, dibujo publicado en un periódico italiano en donde se muestra a una multitud de rusos atacando a familias judías indefensas (1903). A la derecha, unos inmigrantes que han logrado prosperar en Estados Unidos brindan un recibimiento fraternal a judíos asquenazíes procedentes de Rusia y al borde de la indigencia.

suponer la pérdida de la propia identidad. Otros, los más privilegiados debido a su alta cualificación o a su oficio, optaron por aprovechar las oportunidades que la sociedad rusa les brindaba para salir de la Zona de Asentamiento e instalarse en las grandes ciudades.

Sin embargo, la suerte de los asquenazíes cambió de signo cuando el 13 de marzo de 1881 el zar Alejandro II murió víctima de un atentado perpetrado por un grupo de anarquistas. A los judíos se les acusó de complicidad en la conspiración, y, como en tantas ocasiones, el populacho reaccionó saqueando sus casas y sus comercios, linchando o asesinando a muchos judíos y violando a sus mujeres. A partir de entonces a estos ataques contra los judíos, de tan dilatada historia, se los designó con la palabra rusa de **pogromos** ('devastaciones'). De inmediato, las leyes antisemitas se endurecieron, y la población asquenazí, que por entonces alcanzaba los seis millones, se empobreció cada vez más. Esa fue la causa principal de que, a finales del siglo XIX, se produjera una intensa oleada migratoria hacia países que ofrecían mejores oportunidades de vida. Entre 1881 y 1920, más de dos millones de judíos rusos emigraron a América, sobre todo a Estados Unidos, país que contaba ya con 250 000 judíos y en el que la libertad religiosa era un derecho constitucional. Aquel fue el mayor éxodo en toda la historia del judaísmo.

Reforma protestante y Contrarreforma en Europa occidental

A primeros del siglo XVI, solo los Estados Pontificios, los Ducados del norte de Italia y algunos Principados alemanes permitieron que los judíos permanecieran en sus territorios. En uno de esos principados, el de Sajonia, el teólogo **Martín Lutero** (1483-1546) condenó la avaricia y los abusos de la Iglesia Católica y emprendió la **reforma protestante**. Lutero afirmó que la fe en Dios bastaría para alcanzar la salvación (la de «los judíos en primer lugar», subrayaba), sostuvo que los cristianos siempre habían tratado a los judíos «como perros, no como seres humanos», y confiaba en que si se los trataba como verdaderos hermanos se convertirían al cristianismo. Pero cuando pasado el tiempo sus esperanzas se vieron frustradas, cambió radicalmente de opinión y atacó al judaísmo en su obra *Sobre los judíos y sus mentiras* (1543). En este libelo infamatorio calificó a los judíos de «infectos gusanos venenosos», afirmó que «están manchados con las heces del diablo [...] en las que se revuelcan como cerdos» y propuso que las sinagogas fueran arrasadas por el fuego, que sus hogares fueran destruidos, sus libros de oraciones y el Talmud confiscados... Para concluir, escribió una frase premonitoria de la persecución nazi: «Debemos desterrarlos como perros rabiosos». No todos los protestantes aprobaron sus duras invectivas contra los judíos, pero la mayoría de las sectas protestantes adoptaron actitudes decididamente antisemitas.

Las debilidades de la **Iglesia Católica** puestas de manifiesto por la Reforma protestante provocaron el surgimiento de la **Contrarreforma**, una renovación de la doctrina y de las estructuras del catolicismo que afectaba también a la actitud que los Estados Pontificios debían adoptar ante los judíos. Así, en 1555 el papa Pablo IV, presionado por los jesuitas, publicó una bula en la que se exhortaba a los judíos a convertirse al cristianismo y, en caso de que se negaran, se decretaban una serie de normas y restricciones a las que debían someterse: entre ellas, la prohibición de poseer bienes inmuebles, la obligación de llevar los hombres un birrete y las mujeres un distintivo de color amarillo, la prohibición de mantener un trato familiar con cristianos o de te-

Los judíos habían depositado muchas esperanzas en la reforma religiosa de Martín Lutero, pero sus palabras difamatorias los sacaron de su error.

Desde la Edad Media, los guetos amurallados aislaban a los judíos y los condenaban al ostracismo; sin embargo, también les procuraban seguridad, les permitían cierto grado de autonomía y los cohesionaban. En esta acuarela de Ettore Roesler Franz (1845-1907) se recrea la animada vida del barrio judío de Roma, una zona depauperada en el siglo XIX.

ner siervos cristianos, la obligación de vivir en juderías amuralladas... Esta última medida, de hecho, ya se había aplicado en la República de Venecia en 1516, cuando se amuralló el barrio donde residían los judíos debido a la llegada masiva de sefardíes. La judería veneciana se denominaba *gueto*, y este nombre se aplicó después a las demás juderías del mundo así como a barrios hacinados de cualquier minoría.

En un rincón de la Europa del norte, sin embargo, asomó un rayo de esperanza. Tras crearse la Unión de Utrecht (1579), **Holanda** y otras regiones de los Países Bajos decretaron la libertad de culto religioso y decidieron acoger a muchos inmigrantes sefardíes procedentes de Portugal y de España, que se agregaron a la ya antigua colonia sefardí. A ellos se sumó también un gran número de judíos asquenazíes alemanes, y ambas comunidades protagonizaron una época de esplendor en Ámsterdam, ciudad a la que denominaron «la Jerusalén holandesa». Los judíos desempeñaron un papel nada desdeñable en el desarrollo económico del país: además de ejercer profesiones liberales como las de médico y abogado, muchos de ellos se dedicaron a la compraventa de joyas o diamantes, a las finanzas o al comercio internacional.

La **Guerra de los Treinta Años** (1618-1648) tuvo efectos devastadores sobre Europa central pero benefició a una parte de los judíos que se dedicaban a las finanzas: todos los países necesitaban ingentes recursos económicos para sufragar el interminable conflicto bélico, y de esa circunstancia se aprovecharon algunos judíos que disponían de contactos internacionales y de fortuna suficiente como para prestar dinero a los principados alemanes o para proveer de suministros a sus ejércitos.

Sin embargo, y como cabe suponer, la mayor parte de los judíos asquenazíes no eran personas acaudaladas, sino pequeños artesanos o prestamistas, vendedores ambulantes, sastres, mendigos e incluso malhechores. La pobreza era endémica: una tercera parte de la población judía de Europa Central vivía de la caridad y a veces generaba un sinfín de problemas en los abarrotados y miserables guetos. Muchos habitantes de las juderías tenían escasa instrucción, eran supersticiosos y vivían anclados en las costumbres y los ritos de la Edad Media.

La emancipación de los judíos

En el siglo XVIII los ideales de la Ilustración lograron cambiar la suerte de los judíos en Europa. Los pensadores ilustrados opinaban que el ser humano debía abandonar supersticiones y creencias infundadas y conquistar su libertad dejándose guiar por la razón y la ciencia. Proclamaban, además, el principio de igualdad entre todas las personas y el fin de los privilegios de la nobleza. Filósofos o humanistas como John Toland o Gotthold Lessing propusieron que los judíos deberían gozar de los mismos derechos que el resto de los ciudadanos. Sus ideas estaban inspiradas en las del filósofo **Moses Mendelssohn** (1729-1786), un judío alemán que creó el movimiento de la Ilustración judía conocida con el nombre de *Haskalah*. Mendelssohn defendía los ideales del judaísmo y la ley mosaica, pero propugnó que la identidad judía no debía basarse tan solo en las antiguas creencias religiosas. Al igual que Maimónides, afirmó que la fe y la razón eran del todo compatibles, e instó a los judíos a que se liberaran de supersticiones medievales y a que se integraran en el país en que vivían. Sus ideas las puso en práctica el **Movimiento Reformista**, que desaconsejó el uso del atuendo tradicional judío, sustituyó el hebreo empleado en las ceremonias religiosas por las respectivas lenguas nacionales y denominó «templos» a las sinagogas.

A la izquierda, Moses Mendelssohn, que supo aunar su fe religiosa y el pensamiento ilustrado. A la derecha, su amigo Gotthold Lessing, un decidido defensor de los judíos.

Las ideas ilustradas acabaron cristalizando en la **Revolución Francesa**. En 1789 la Asamblea Nacional Constituyente debatió y firmó la Declaración de los Derechos del Hombre y del Ciudadano, cuyo primer artículo reza: «Los hombres nacen y permanecen libres e iguales en derechos». Aunque algunos miembros de aquel Parlamento se plantearon si ese artículo debía incluir a los judíos, dos años después la Asamblea votó a favor de la **emancipación de los judíos**, si bien estos quedaban obligados a integrarse en la sociedad francesa y a jurar lealtad al Estado, cuyas leyes prevalecerían sobre las mosaicas.

La legislación que igualaba a los judíos al resto de ciudadanos se extendió a todos los países conquistados por Napoleón, aunque a partir de 1819 esta legislación progresista sufriría retrocesos. Sin embargo, el camino hacia la igualdad estaba trazado, y paulatinamente los países europeos fueron derogando las leyes antisemitas y concediendo plenos derechos civiles a los judíos.

Nuevos brotes de antisemitismo

Como en tantas ocasiones, la protección que algunos monarcas o gobiernos pretendían dispensar a los judíos chocaron con el arraigado antisemitismo de las masas. En 1819 un movimiento patriótico alemán

Napoleón declaró el judaísmo como una de las religiones oficiales del Estado y otorgó todos los derechos a los judíos. Pero en 1808 firmó un decreto que anuló todas las deudas que se tuvieran con los judíos, lo que provocó la bancarrota de muchos de ellos. En esta representación idealizada de François L. Couché, Napoleón devuelve los derechos civiles a los judíos (1806).

acabó desencadenando disturbios contra los asquenazíes que se saldaron con la muerte de algunos judíos y el saqueo y destrucción de incontables casas. Desengañados de las perspectivas de integración social que se les habían ofrecido, muchos asquenazíes optaron por convertirse al cristianismo, una decisión que el poeta judío-alemán Heinrich Heine calificó de auténtico «billete de entrada a la cultura europea». A otros, en cambio, les bastó con aflojar sus vínculos con sus correligionarios y participar de lleno en la educación y la cultura alemanas.

Los judíos aprovecharon la nueva coyuntura para ejercer libremente toda clase de profesiones y oficios y para ampliar sus negocios. Algunos de ellos alcanzaron un éxito extraordinario como banqueros o financieros de importantes Estados y de empresas ferroviarias. Tal fue el caso de los famosos Rothschild de Frankfurt o los Pereiras de Francia. Pero esa notoriedad despertó la envidia de muchos ciudadanos y reavivó su odio a los judíos, que una vez más fueron tomados como chivos expiatorios. De ese modo, la crisis económica de 1873 indujo al político y periodista **Wilhelm Marr** a escribir un panfleto titulado *El camino de la victoria*

En el poeta Heinrich Heine (izquierda) convivían un intenso amor a la patria alemana con un marcado humanismo judío. Heine escribió que cuando «alguien quema libros, acabará quemando a la gente». Sus palabras anticiparon el comportamiento de los nazis. A la derecha, Lionel de Rothschild, el primer judío que consiguió un escaño en el Parlamento británico.

del germanismo sobre el judaísmo (1879). En él afirmaba que el antiguo conflicto entre judíos y alemanes era de carácter racial y que la emancipación de los judíos solo había servido para que estos últimos controlaran las finanzas y la economía alemanas. Para evitar «el fin del pueblo alemán», proponía que se expulsara o aniquilara a los judíos, y con ese objetivo fundó la «Liga antisemita». Marr fue el primero en acuñar el término *antisemita*, y aunque al final de su vida se retractó de sus ideas racistas, la semilla estaba ya sembrada.

Las ideas de Marr encontraron terreno abonado en el profesor de filosofía **Eugen Dühring**, quien en su libro *La cuestión judía como una cuestión de carácter racial* (1881) argumentaba que los judíos constituían la peor rama de la raza semítica, caracterizada según él por su inferioridad intelectual y su avaricia, y propugnaba exterminarlos como «se extermina a las víboras y animales de presa».

Esta ideología racista la había alentado previamente el escritor francés **Joseph-Arthur de Gobineau**, quien en su *Ensayo sobre la desigualdad de las razas* (1853-1855) sostenía que la «raza aria» (a la que supues-

La alimentación kosher o cashrut

Según la Biblia (Levítico 11; Deuteronomio 14, 3-21) y diversos textos de la Mishná y el Talmud, los alimentos deben reunir una serie de requisitos para ser aptos o adecuados (*kosher*) para el consumo. Supuestamente, los alimentos que no son kosher están prohibidos porque resultan dañinos para la salud.

En general, las leyes kosher permiten el consumo de todas las frutas y verduras.

Se puede comer carne de rumiantes que tengan la pezuña partida, como el cordero, la cabra, el buey y la vaca. Además, estos animales deben ser sacrificados de una manera concreta para poder ser comidos: se les ha de degollar con un cuchillo afilado y sin una sola muesca para que pierdan toda su sangre y sufran lo menos posible. El animal, por otra parte, no puede presentar ningún defecto ni enfermedad. Para ello, el matarife (*shohet*) debe asegurarse de que el animal tiene todos sus órganos en buen estado. Está prohibido el consumo de carne de cerdo, jabalí, caballo, conejo, así como el de todos los roedores y reptiles. En el pasado, el celo religioso hizo que algunos judíos prefirieran perder la vida antes que verse obligados a comer carne de cerdo.

Quizá como una muestra del rechazo a la crueldad, el consumo de aves rapaces está prohibido, pero no así el de las aves de corral como la gallina, el pavo o el ganso, ni el de las columbiformes como las tórtolas y las perdices. Los huevos de algunas de estas aves se pueden comer, pero no si están fecundados o si tienen alguna gota de sangre, cuyo consumo está prohibido.

Está permitido comer los peces con escamas y aletas, como la merluza, el atún, el salmón, el bacalao... El marisco, en cambio, está prohibido.

Se admite el consumo de leche de cabra, oveja o vaca y el de sus derivados, como el queso, pero la leche no puede utilizarse en una receta para carne ni consumirse juntamente con ella.

El antisemitismo se extendió también por Francia. A la izquierda, portada de una revista de 1893 en donde vemos a un trabajador golpeando a un judío capitalista. A la derecha, Alfred Dreyfus en prisión. El capitán judío del ejército francés Alfred Dreyfus fue acusado con pruebas falsas de altra traición y condenado a cadena perpetua. El caso convulsionó a la sociedad francesa durante años y reveló el arraigado antisemitismo de una parte de los franceses.

tamente pertenecían los alemanes) era muy superior a las demás por su «belleza, inteligencia y fuerza», y advertía que era indispensable evitar la mezcla de razas para no caer en la «degeneración».

El ensayo de Gobineau influyó decisivamente en **Houston Stewart Chamberlain**, un pensador británico que sentía verdadera pasión por la música de Richard Wagner, furibundo antijudío. En su libro *Los fundamentos del siglo xix* (1899), Chamberlain acusó a los judíos de ser genéticamente malvados, de haber destruido la civilización romana, de ser responsables de todos los problemas de la Humanidad, de pretender apoderarse de «toda la tierra» y de constituir, en fin, una verdadera amenaza para la «raza aria»; para concluir, instaba al lector a que ideara una «solución» para la «cuestión judía». No es de extrañar, pues, que cuando Chamberlain falleció el 9 de enero de 1927, Adolf Hitler y casi toda la cúpula nazi asistieran a su entierro en Bayreuth.

El futuro *Führer* alemán conocía a fondo el ensayo del pensador británico, con el que se había reunido en varias ocasiones. Pero también había leído con admiración *El judío internacional* (1920), una colección de artículos firmados por el fabricante de automóviles **Henry Ford**. En sus cuatro volúmenes, el magnate norteamericano se hacía eco de las ideas difundidas en *Los Protocolos de los Sabios de Sión* (1902), un libelo antisemita escrito por los servicios secretos rusos en el que se afirmaba que los judíos tenían un plan secreto para dominar la sociedad, la economía y la política del mundo entero. De igual modo, Ford proclamaba que los judíos manejaban los hilos de la sociedad, la prensa, la economía y la política de Estados Unidos.

Hacia el Holocausto

El Partido Nazi conquista el poder

Las ideas de Adolf Hitler sobre los judíos no eran pues originales, ya que se basaban en teorías racistas pretendidamente científicas o en libros que no eran más que una mera invención. En su obra biográfica *Mi lucha* (1925-1926), el líder nazi proponía crear una nueva sociedad alemana basada en la «pureza de la raza» y denunciaba una supuesta conspiración internacional «judío-bolchevique» para dominar el mundo. Pensaba, además, que los judíos se habían incorporado al ejército para desvelar sus planes secretos al enemigo, escribían libros para corromper el pensamiento alemán y no eran, en fin, más que «parásitos» o «arañas» que chupaban la sangre a la gente... Si Alemania quería recuperarse, concluía, debía aniquilar a los judíos.

Con sus dotes oratorias y su innegable capacidad para atizar sentimientos latentes, Hitler consiguió que aquellas ideas calaran hondo en la clase media, que se había empobrecido con la crisis económica que asoló el país después de la primera guerra mundial. El político nazi culpaba a los judíos de las consecuencias del Tratado de Versalles, que obligó a Alemania a hacer dolorosas concesiones territoriales a los vencedores de la contienda y le impuso el pago de reparaciones de guerra astronómicas. La Gran Depresión de 1929 agravó aún más el descon-

Este dibujo de una araña con el aspecto denigrante del estereotipo del judío quiere reflejar la «conspiración mundial» judía.

A la izquierda, Adolf Hitler pronuncia uno de los discursos que tantas pasiones levantaban. A su lado, un comercio judío con carteles que incitan a los alemanes a no comprar en él.

tento popular, pues dos años más tarde casi la mitad de las empresas alemanas habían cerrado y millones de trabajadores quedaron desempleados. Aquel era un caldo de cultivo ideal para azuzar el nacionalismo y atacar a los «judeo-comunistas».

El 5 marzo de 1933 Hitler ganó las elecciones al parlamento alemán, y pocos días después ordenó arrestar a un centenar de diputados de la oposición y empezó a gobernar por decreto. De inmediato puso en marcha su programa político: los derechos civiles fueron anulados, las huelgas se prohibieron y los partidos políticos y los sindicatos fueron disueltos. El 1 de abril ordenó que se boicoteara a los abogados, médicos y comerciantes judíos, y promulgó una ley que permitía despedir a los funcionarios públicos judíos. En mayo, los estudiantes de la universidad quemaron en la hoguera libros de judíos, comunistas y otros «degenerados». Tres meses más tarde, el ministro de propaganda, Joseph Goebbels, expulsó a los judíos de los medios de comunicación y del ámbito artístico. Los judíos solo podrían ejercer oficios serviles. Carteles de «Prohibido a los judíos» inundaron las cafeterías, los establecimientos, los bancos de los parques públicos... Desde el primer momento, las milicias del Partido Nazi llevaron a cabo una campaña de acoso sistemático a los judíos en lugares públicos: a diario los humillaban o golpeaban

Tras la rotura de cristales y el saqueo de los comercios judíos durante la «kristallnacht», unos transeúntes contemplan indiferentes o con la sonrisa en los labios los destrozos.

en plena calle, los arrestaban arbitrariamente, marcaban sus comercios con pintadas y carteles para que nadie les comprara...

La persecución de los judíos se intensificó en 1935 con la promulgación de las **Leyes de Núremberg**. Ideadas para proteger «la Sangre y el Honor alemanes», estas leyes prohibían los matrimonios o las relaciones sexuales con judíos y privaban a estos de la ciudadanía alemana. Para los nazis, bastaba con que una persona tuviera un abuelo o una abuela judíos para considerarla ya «medio-judía», aunque en multitud de ocasiones fuese cristiana e ignorara que tenía antepasados judíos.

Pero el incidente que convulsionó a los judíos alemanes y causó la alarma en multitud de países ocurrió la noche del 9 al 10 de noviembre de 1938, que sería conocida con el nombre de *Kristallnacht* ('Noche de los cristales rotos'). Con el pretexto de que un diplomático alemán había sido asesinado en París por un emigrante judío, los nazis provocaron un pogromo en Alemania y Austria en el que se incendiaron unas mil sinagogas y se destruyeron, dañaron o saquearon más de 7000 comercios judíos. La comunidad judía fue declarada responsa-

Joseph Goebbels fue el instigador de los pogromos de la «kristallnacht».

ble del asesinato del diplomático y multada con un billón de marcos. Y unos 30 000 judíos alemanes y austriacos fueron arrestados y conducidos a campos de concentración.

En este clima de absoluta asfixia económica y de terrible represión, los judíos ya no dudaron de que la única salida que les quedaba era la emigración. Entre 1933 y 1938 abandonaron el país unos 150 000; tras la *Kristallnacht* consiguieron emigrar unos 150 000 más a países como Gran Bretaña, Estados Unidos y Palestina. Al exiliarse, debían pagar un impuesto de hasta el 90% de toda su riqueza y se veían obligados a vender sus negocios por una suma irrisoria.

Sin embargo, a los judíos no les resultaba nada fácil emigrar, porque, al tratarse de personas apátridas, muchos países se resistían a admitirlos como refugiados. Algunos barcos cargados de judíos recalaron en un puerto tras otro sin que las autoridades locales los aceptaran. El sionista Chaim Waizmann declaró que «el mundo se divide en países donde los judíos no pueden vivir y países donde no pueden entrar». Por añadidura, una quinta parte de los judíos alemanes vivía en la pobreza, y sus posibilidades de emigrar eran prácticamente nulas.

Estalla la guerra y comienza el genocidio

Tras la firma del pacto de no agresión entre los gobiernos de Alemania y de la Unión Soviética, el 1 de septiembre de 1939 las tropas alemanas invadieron Polonia, y de inmediato comenzó el exterminio de los tres millones y medio de judíos polacos. En los primeros tres meses detuvieron, torturaron y fusilaron a más de un cuarto de millón.

En octubre de 1940 se crearon **guetos** en los barrios más pobres de diversas ciudades polacas, adonde trasladaron a la población judía diseminada por todo el país. En los guetos de Lodz, Varsovia, Lublin o Cracovia los judíos malvivieron hacinados y en condiciones infrahumanas. En el de Varsovia, por ejemplo, embutieron a 380 000, una tercera parte de toda la población de la ciudad, mientras que el barrio apenas ocupaba el 2,4% de la superficie de Varsovia. Si se les requería, los residentes del gueto estaban obligados a trabajar como esclavos, sobre todo en tareas destinadas a contribuir al esfuerzo bélico.

Muy pronto los guetos se cercaron con muros y alambradas y se impidió la salida a los judíos, excepto a aquellos que realizaban trabajos forzados. Con una asignación alimentaria media de tan solo 200 calorías diarias por persona —cuando un alemán consumía 2600—, el hambre y las enfermedades hicieron estragos entre sus habitantes. Cerca de medio millón de judíos murieron en los guetos de enfermedades e inanición.

Pero aquello no era suficiente para los nazis. A primeros de 1942 Hitler ordenó acelerar el ritmo de la masacre, y en julio el mando alemán exigió al Consejo judío de cada gueto que designara a las personas que habrían de ser trasladadas a los supuestos campos de trabajo. Temiendo que en realidad eran centros de exterminio, algunos dirigentes de los Consejos judíos prefirieron sucidarse antes que cargar con aquella horrible responsabilidad moral. Y entre julio y septiembre, 250 000 habitantes del gueto de Varsovia fueron enviados al campo polaco de Treblinka y gaseados nada más apearse de los trenes.

La "solución final"

Los **campos de concentración** se crearon a partir de 1933 para castigar a oponentes del régimen nazi y, durante los once años siguientes, más de tres millones de alemanes fueron recluidos en aquellos centros por razones políticas. Después de 1935, también confinaron en los campos a judíos, gitanos, discapacitados y otros «elementos racialmente indeseables», a quienes denominaban «subhumanos».

Tras el estallido de la guerra, los nazis construyeron centenares de campos de concentración para encerrar a millones de personas y obligarlas a trabajar en régimen de esclavitud para grandes empresas como Krupp, Thyssen o Siemens. Tres cuartas partes de estos reclusos murieron a causa del maltrato, de la deficiente alimentación, de las enfermedades o fusiladas.

En octubre de 1941, los nazis decidieron prohibir la emigración de los judíos en la Europa por ellos controlada, y tres meses más tarde varios oficiales presididos por Reinhard Heydrich celebraron una conferencia en la población alemana de Wannsee para hablar de la «solución final» al «problema judío». En la reunión, se decidió trasladar al este a los once millones de judíos de Europa, empezando por los que vivían en los países conquistados, y pocos días después se dio la orden de construir **campos de exterminio** en las aldeas polacas de Belzec, Tre-

En enero de 1943, los judíos del gueto de Varsovia se rebelaron contra los nazis. Durante dos meses resistieron los ataques del ejército alemán pero, tras sufrir 7000 bajas, se rindieron al enemigo, momento que recoge esta fotografía. Los nazis detuvieron a los 50000 judíos supervivientes y los enviaron a los campos de exterminio. Después de haber incendiado y volado muchos edificios del gueto durante el combate, los alemanes lo arrasaron hasta los cimientos.

blinka y Sobibór. En los dos años siguientes, los nazis enviaron a estos tres campos a dos millones de judíos, que nada más llegar eran metidos en furgones, gaseados con monóxido de carbono y enterrados después en enormes fosas con la ayuda de palas mecánicas. Con posterioridad, procedieron a apilar los cadáveres e incinerarlos para no dejar rastro del genocidio.

El complejo más grande de campos de concentración y exterminio fue construido en **Auschwitz-Birkenau**, un lugar situado a 43 km de Cracovia. Desde todos los rincones de la Europa nazi, a este campo llegaban los prisioneros hacinados en trenes de mercancías o de ganado, tras varios días de penoso viaje. Sin comida, agua o medicamentos, sofocados por el calor del verano o helados por el frío invernal, muchos judíos morían durante el trayecto o se cortaban las venas ante las sospechas de su funesto destino. La mayor parte, sin embargo, creía que iba a un campo de trabajo y aceptaba su suerte con resignación.

Niños y niñas fotografiados en el campo de exterminio de Auschwitz-Birkenau.

A su llegada a Auschwitz les esperaban perros amenazantes, gritos desaforados y crueles golpes antes de que un médico de las SS comenzara la «selección». Con un solo gesto, el nazi decidía quiénes eran aptos para trabajar hasta la extenuación y quiénes debían ser enviados de inmediato a las cámaras de gas. Estos últimos eran la mayoría. Dispuestos en hileras, eran conducidos a un lugar donde se les despojaba de sus pertenencias, se los obligaba a desnudarse y se los encaminaba a las «duchas» para ser «desinfectados». Una vez cerradas las puertas herméticamente, del techo de las cámaras descendía una dosis letal de Zyklon B, un pesticida que provocaba la muerte por asfixia y envenenamiento en escasos minutos. Luego, una brigada especial, compuesta muchas veces por judíos, retiraba los cadáveres y procedía a cortarles el pelo, a quitarles los anillos y a arrancarles las prótesis dentales de oro.

El número de personas inmoladas a diario en Auschwitz-Birkenau era tan exorbitante —a menudo llegó a superar las 12 000— que los alemanes tuvieron un grave problema logístico para desprenderse de tantos cadáveres. En Treblinka los quemaban al aire libre, pero el hedor era insoportable a quilómetros de distancia y los humos, además, podían alertar a las fuerzas aéreas aliadas. Así que los nazis ordenaron a la empresa Topf & Söhne que diseñara hornos crematorios para acelerar el proceso de exterminio en Auschwitz. Se calcula que en este campo asesinaron a un millón y medio de personas, de las cuales 200 000 eran gitanos y un millón judíos. La mitad de los judíos muertos en el Holocausto pereció en campos de concentración o exterminio.

Los dirigentes de algunos países dominados por los nazis, como Rumanía, Eslovaquia, Croacia o Hungría, colaboraron activamente con los alemanes para deportar judíos a los campos de exterminio. Otros, como los de Bulgaria, Finlandia, Dinamarca e incluso la Italia fascista, se resistieron a entregar a los judíos y hasta los protegieron. A finales de 1942 los gobiernos de los países aliados hicieron una declaración formal en la que manifestaban su absoluta seguridad de que los judíos estaban siendo exterminados. Pero no hicieron nada para evitarlo.

· · · · ·

A lo largo de la Historia, los judíos sufrieron muchas calamidades, y casi siempre las soportaron con resignación, al igual que el bíblico Job. Quizá Dios los había castigado por quebrantar la «alianza», por haber faltado a la ley mosaica. Pero el genocidio masivo del Holocausto sacudió los cimientos de sus creencias religiosas. «¿Dónde estaba Dios en Auschwitz?», se preguntaban muchos. No, no era posible que Dios se hubiera aliado con los nazis para exterminarlos ni que hubiera cegado los ojos a casi todo el género humano ante tanto horror. De una vez por todas, se decían, había que interrogarse sobre la patología del antisemitismo y sobre la pretendida humanidad de tantas personas, casi todas ellas cristianas, que habían alentado o tolerado aquellos crímenes horrendos, la peor *Shoá* o catástrofe que había sufrido jamás un pueblo.

Esas mismas preguntas deberían sacudir para siempre las conciencias de todo ser humano que se precie de serlo.